Lothar Jordan

Vielfalt und Nachhaltigkeit

Lothar Jordan

Vielfalt und Nachhaltigkeit

Eine Begründung der Neuphilologien aus der Programmatik der UNESCO

Technische Universität Dresden
2012

INHALT

ter kulturwissenschaftlicher Ansatz mit globalem Anspruch, der vor allem aus dem englischen Sprachkreis wirkt | Fortsetzung und Modifikation nationaler Kategorien: USA; neue Formen von ›Britishness‹. Öffnung und Fortführung von Nationalität: Die Bildung ›neuer‹ Literaturen und Identitäten bedarf vielfach des Nationalen.

4 DIE PROGRAMMATIK DER UNESCO UND DIE NEUPHILOLOGIEN: VIELFALT (47): Wende der Perspektive um 180 Grad: Nicht von innen, sondern von außen auf die einzelnen Sprachen und Literaturen der Welt blicken | Schlüsseltexte der UNESCO: Schutz und Förderung der Vielfalt kultureller Ausdrucksformen (Übereinkommen 2005) | Der Wert sprachlicher Vielfalt. Die Gleichberechtigung aller Sprachen, Kulturen und Neuphilologien | Ein Rückblick: Kant (formales Zusammenwirken der Staaten) und Herder (Vielfalt der Sprachen und Kulturen).

5 DIE NACHHALTIGKEIT DER NEUPHILOLOGIEN (61): Memoria. – Nachhaltigkeit. Spezifizierung des Konzeptes von Nachhaltigkeit | Genese des Nachhaltigkeitsparadigmas im Rahmen der Vereinten Nationen: Umweltschutz und Entwick-

Meiner Frau

Angelika Jordan

1 EINFÜHRUNG

Ziel meiner Vorlesung[1] ist es, eine neue Begründung der Neuphilologien zu versuchen. Ihre Argumente leiten sich aus der Programmatik der UNESCO her.

»Dass Geisteswissenschaften, um in ›ihrer‹ Gesellschaft zu reüssieren, weit mehr anbieten müssen als nur gute Theorien, ist ein Gemeinplatz. Die Fach- und Wissenschaftsgeschichte hat, sofern sie auch nur ein wenig soziologisch aufgeklärt war, stets gewusst, dass fachliche Geltung und außerfachliche Akzeptanz ›wissenschaftlicher Tatsachen‹ (Fleck 1980 [1935]) nur mit Hilfe von semantischen Ressourcen organisiert werden können, deren Kurswert nicht auf die fachliche Kommunikation beschränkt ist. [...] Explizit adressierbar sind die legitimen Bestände und Traditionen des Faches, aber zugleich ist, als unsichtbarer Dritter gewissermaßen, die Öffentlichkeit mit ihren Leitbegriffen, Deutungsmustern und Relevanzstrukturen immer mitgegeben.«[2]

Solche Leitbegriffe – Scharnierbegriffe – sind in meiner Vorlesung »Vielfalt« und »Nachhaltigkeit«. Sie decken nicht das gesamte Feld der Begründung der Neuphilologien ab. So soll das für sie wichtige und breite Feld der Memoria, auch wenn es sich mit dem Thema Nachhaltigkeit berührt, hier nur am Rande reflektiert werden.[3] Es spielt seit langem eine zentrale Rolle im Selbstverständnis der Philologien. In meiner Vorlesung allerdings geht es nicht darum, bewährte Elemente der Konstruktion dieser Disziplinen zu ersetzen, sondern eine neue Argumentation zusätzlich zur Diskussion zu stellen. Vielfalt und Nachhaltigkeit scheinen mir sehr geeignet, Leitfunktionen für die Begründung der Neuphilologien zu übernehmen. Sie könnten vielleicht sogar über die Philologien hinaus auf die Begründung der Geisteswissenschaften (Kulturwissenschaften[4]) ausstrahlen.

Mit Vielfalt ist im Folgenden, wenn nichts anderes gesagt wird, kulturelle und sprachliche Vielfalt gemeint. In dieser Spezifikation ist Vielfalt ein zentraler Begriff der UNESCO, aber auch anderer politischer Entitäten und relevanter Nichtregierungsorganisationen (NGOs).[5]

Der Begriff ›Nachhaltigkeit‹ (sustainability), oft

im Tandem mit nachhaltiger Entwicklung (sustainable development) verwendet, ist nicht in der UNESCO entstanden. Von seiner Genese her ökologisch und entwicklungspolitisch geprägt, hat dieses Begriffspaar eine weite Verbreitung gefunden, auch in Wissenschaft und Kultur, wobei es fast immer zunächst um eine Anwendung der ökologischen Dimensionen geht, Energie zu sparen und neuartig zu gewinnen, umweltschonende Materialien zu verwenden u. Ä.[6] Die UNESCO hat den Begriff ›nachhaltig‹ übernommen und so spezifiziert, dass er in den hier thematisierten Disziplinen gut applizierbar ist.

Mit Neuphilologien sind die an Sprache und Literatur orientierten Fächer wie Germanistik, Anglistik, Romanistik, Slawistik usw. gemeint – Fächer mit uneinheitlicher Reichweite, die in der Realität der Universitäten in zahlreichen Nuancen, Derivationen und Spezifikationen existieren, mit einer Tendenz, Literaturwissenschaft und Sprachwissenschaft zu trennen. Fächer wie Romanistik oder Slawistik und in etwas anderer Weise auch Anglistik verfügen über eine Binnendifferenzierung, die sich an der Vielfalt der darunter gefassten Sprachen oder wie im Fall der Anglistik an der Verwendung des Englischen in verschiedenen Staaten orientiert.[7] Der Blick ›von außen‹, wie ich ihn hier vorschlage, scheint mir auch geeignet, die Philologien im Ganzen zu stärken, da zumeist jede für sich an ihrer Begründung oder Legitimation zu arbeiten pflegt. Die ›Programmatik‹ der UNESCO wird aus grundlegenden Texten dieser Weltorganisation erschlossen. Der internationalen Orientierung von Wissenschaft bietet die Weltorganisation ein Ensemble von Begründungen. Dieser letzte Begriff im Titel meiner Vorlesung – UNESCO – scheint kaum je, wenn überhaupt, ein Thema der Philologien geworden zu sein.[8] Auch im Register von Handbüchern, etwa eines so umfassenden Handbuches wie das zur Interkulturellen Germanistik,[9] finden sich zwar die Namen von Staaten wie USA und Frankreich, nicht aber die UNESCO. Das gilt auch für Einführungen in den postkolonialen Diskurs.

Die UNESCO ist eine Unterorganisation der Vereinten Nationen, in der 194 Staaten Mitglieder sind (Stand vom 31.10.2011).[10] Die United Nations Educational, Scientific, Cultural Organisation, nach der Kriegserfahrung 1945/46 gegründet, damit der »Frieden im Geist der Menschen verankert«[11] werde, besteht aus sieben Sektoren,

davon inzwischen nicht mehr nur drei (E, S, C), sondern fünf Fachsektoren: Bildung – Naturwissenschaften – Sozial- und Geisteswissenschaften – Kultur – Kommunikation und Information. Dieser letzte und jüngste Sektor, der nicht in das weltweit gut eingeführte Akronym UNESCO eingegangen ist, wurde unter anderem in der Voraussicht eingerichtet, dass durch das Internet und weitere neue Kommunikations- und Informationstechnologien (ICT) langfristige Veränderungen von globaler Reichweite die Zukunft mitprägen würden, die in den bestehenden Sektoren nicht zureichend bearbeitet werden könnten. Schlüsselbegriffe sind hier »Informationsgesellschaft« und »Wissensgesellschaft«.
Die UNESCO hat sich nicht programmatisch zu den Neuphilologien geäußert.[12] Ihre Programmatik erschließe ich aus einem Ensemble von Texten wie Konventionen, Programmen, Berichten etc. Ich werde sie in Kapitel 4 benennen und zitieren.
Wenn ich die UNESCO als einen weiterführenden institutionellen Bezugspunkt für die Begründung der Neuphilologien heranziehe, dann einerseits herausgefordert durch die immer wieder diskutierte Spannung dieser Disziplinen

zwischen nationaler und internationaler Orientierung, vereinfacht zwischen der Erforschung der Nationalliteratur und der Weltliteratur, und andererseits durch die Beobachtung, dass jenes schon von Kant etwa in der Abhandlung *Zum ewigen Frieden* (1795) angemahnte verbesserte Zusammenwirken der Völker und Staaten sich nach 1945 im globalen Zusammenhang in den Weltorganisationen, auch der UNESCO, und in den auf verschiedenen Weltgipfeln ins Auge gefassten und verabredeten Zielen hinsichtlich eines weltweit gemeinsamen Handelns zeigt. Das ist im Verbund von Umweltschutz, Klima- und Energiepolitik sichtbar und bis in den Alltag hinein spürbar. Diese hier und da bereits konkret werdende Vision der »einen Welt« (nicht: einer einheitlichen Welt) bietet einerseits den Neuphilologien – aus ihrer Sicht – neue Perspektiven. Andererseits, aus Sicht der Weltgemeinschaft, wie sie im Bereich Kultur und Wissenschaft in der UNESCO eine institutionelle Basis gefunden hat, warten Aufgaben, bei deren Bearbeitung die Neuphilologien sehr hilfreich sein könnten.

Es geht mir nicht darum, für eine Politisierung der Neuphilologien zu plädieren, jedenfalls nicht über das Maß hinaus, das in ihnen seit ihren Anfängen ein wichtiges, zeitweise auch mit schlimmen Folgen dominierendes Element war. Es konnte z.B. nach 1945 keine Germanistik, auch keine anderen Neuphilologien mehr geben, die nicht, vor allem aus ihrer Geschichte heraus, auf die politischen Funktionen ihres Faches reflektierten. Dass die Erforschung der Wissenschaftsgeschichte der Neuphilologien einen solchen Aufschwung genommen hat, verdankt sich nicht nur wissenschaftsimmanenten Entwicklungen, sondern eben der in der NS-Zeit durchschlagenden politischen Einordnung dieser Disziplinen. Und diese wissenschaftsgeschichtliche Forschung wollte und will nicht nur aufklären über die Vergangenheit, sondern Elemente zu einer rationalen Reflexion und Entwicklung der politischen und gesellschaftlichen Komponenten ihrer Disziplinen bereitstellen.

Bevor ich zum Kern meiner Vorschläge komme, wie die Neuphilologien neu und stärker begründet werden können, sollen unter verschiedenen Aspekten Elemente aus dem für die Neuphilologien, nicht zuletzt die Germanistik, grundsätzlich relevanten Spannungsverhältnis von Weltliteratur und Nationalliteratur reflektiert werden. Dazu werde ich in Kapitel 2 historische und aktuelle Aspekte der Neuphilologien, Elemente ihrer Begründung zwischen innerer Vielfalt und nationaler Funktion besprechen. Den nationalkulturell geprägten, zumindest so beeinflussten Kern der Neuphilologien überschreitet die postkoloniale Literaturwissenschaft (Kapitel 3) in einer in der Wissenschaftsgeschichte dieser Disziplinen neuen Bewegung, die weltweite Wirkung erzielt. Sie geht einige Schritte in die von mir vorgeschlagene Richtung, ohne allerdings die Prägung durch bestimmte Kulturkreise transzendieren zu können. Danach werde ich in einer neuen Wendung, zunächst unter dem Begriff der Vielfalt (Kapitel 4), dann unter dem der Nachhaltigkeit (Kapitel 5), Elemente einer neuen Begründung der Neuphilologien vorschlagen, die sie einerseits in einer weltbürgerlichen und weltgesellschaftlichen Bewegung verortet und andererseits langfristig in den transdisziplinär zu erschließenden Rahmen der Vision der »einen Welt« stellt. An ihr können und müssen die verschiedenen Fakultäten arbeiten, um die biologische und die kulturelle Vielfalt zu sichern und die materiellen und kulturellen Grundlagen gegenwärtiger und künftiger Gesellschaften so zu entwickeln, dass ihre Verteilung und ihre Nutzungsmöglichkeiten den verschiedenen Weltregionen gleichmäßiger zugutekommen, als es jetzt der Fall ist.

Mein Beitrag zielt nicht darauf ab, sich direkt an der immer wieder aktuell werdenden Diskussion um Weltliteratur zu beteiligen. In der Sache gibt es Berührungspunkte. Ich möchte sie im folgenden jedoch nicht weiter reflektieren.[13] Noch 2010 konnte der »recent turn toward world literature« als »distinctly an American phenomenon«[14] erscheinen, wohl an die Postcolonial Studies anschließend.[15] Ist der postkoloniale Diskurs mit seiner globalen Perspektive ein Movens der aktuellen Diskussion um Weltliteratur, so nähert sich ihm die Germanistik aus eigener Tradition an. Denn nicht nur die Vergleichende Literaturwissenschaft, auch die Neuphilologien öffnen sich gelegentlich zur Weltliteratur. In Oskar Walzels vielbändigem *Handbuch der Literaturwissenschaft* erscheint Weltliteratur als Addition der einzelnen Literaturen, in *Kindlers Literaturlexikon* vor allem als Summe der wichtigen Werke, daneben als Summe der Nationalliteraturen. Doch kann sie auch als »Prozeß«[16] oder Telos aufgefasst werden. Das von Thomas Anz herausgegebene *Handbuch Litera-*

turwissenschaft[17] enthält ein Kapitel »Literaturwissenschaft in den Nationalphilologien« von Wolfgang Höppner und dieses einen Abschnitt »Ausblicke: Philologie der Weltliteratur«.[18] Er endet mit der Darstellung der aktuellen Divergenz zwischen nationalphilologischer und internationaler Ausrichtung, Stephen Greenblatt zitierend, der sich für eine internationale und interkulturelle Orientierung ausspricht. Höppner schließt: »In dieser Forderung nach internationaler und interdisziplinärer Ausrichtung der Literaturwissenschaft und -geschichte liegt eine der Herausforderungen an die Neuphilologien, ihre Gegenstände und Wissenschaftskonzepte neu zu definieren und zugleich ihre Selbstlegitimation für die Zukunft zu überprüfen«.[19]
Mit dem Fluchtpunkt Weltliteratur wollen Fächer und Diskurse wie die Komparatistik, die postkoloniale Literaturwissenschaft und die Neue deutsche Literaturwissenschaft wegkommen von nationaler Motivation und Prägung. In Deutschland sind es vor allem die deutsche Geschichte und die seit dem Germanistentag 1966 verstärkt problematisierte Wissenschaftsgeschichte der Germanistik und dann anderer Neuphilologien, aus der heraus jede nationa-

le Grundlegung oder Motivation des Faches schwierig erscheint – ohne jedoch ganz verzichtbar zu werden. Anz' *Handbuch* liefert dafür ein gutes Beispiel. Es will, so die Einleitung des Herausgebers, »kein Handbuch einer deutschen oder germanistischen Literaturwissenschaft« sein. Einschränkungen ergäben sich aufgrund »zwangsläufig eingeschränkter Kompetenzen, Spezialisierungen und divergierender Funktionszusammenhänge [mit daraus folgenden] nationalphilologischen Begrenzungen« – »ihre Begriffs- und Theoriebildung sowie ihre analytischen Instrumentarien sind jedoch transnational«.[20] Diese Annahme kann allerdings so nicht eingelöst werden. Denn schon die Perspektive, aus der heraus in diesem Handbuch die Wissenschaftsgeschichte des Faches eingebracht wird, ist national geprägt.

Auch der postkoloniale Diskurs strebt danach, nationale Elemente als Konstituenten zu vermeiden, und auch ihm fällt dies gelegentlich schwer. Seine Reichweite, die Staatsgrenzen weit überschreitet, unterstützt seinen transnationalen Anspruch. Er wird vorangetrieben u.a. aus den Veränderungen, die sich aus der Zusammensetzung der Bevölkerung der USA ergeben.

Wissenschaftlerinnen und Wissenschaftler, die in den USA leben, sind in diesem Diskurs führend. Die Veränderung der ethnischen Zusammensetzung der Bevölkerung dieses Staates hat Auswirkungen bis in den Hochschulunterricht und die Literaturgeschichtsschreibung, sodass Begriffe wie ›Hybridität‹ und ›Alterität‹ hier eine gewichtige Rolle spielen. Die markt- und diskursbeherrschende Stellung entsprechender englischsprachiger Wissenschaftsverlage wirkt ebenfalls darauf ein.

Die Kategorie des Nationalen ist in den international rezipierten Standardwerken z. B. von Benedict Anderson[21] und Ernest Gellner[22] untersucht worden. Sie analysieren und typologisieren das Nationale. Das hilft, historische »Narrative des Nationalen« zu erforschen. Diese aber sind ›konkret‹ und decken sich in ihrer spezifischen Historizität nicht mit einem Typus. Es würde sich sehr schnell zeigen, wie verschieden die Konstruktion von Nationalität und die damit verbundenen Werte sein können, sowohl in der Vergangenheit als auch in der Gegenwart. Anderson und Gellner stellen ein Instrumentarium für die Analyse des Nationalen zur Verfügung. Dessen empirische Applikation steht im internationalen Vergleich noch aus. Es wird sie wohl auch nicht geben. Die UNESCO hat ja 194 Mitgliedsstaaten, einen mehr als die UNO, in denen die Geschichten, Typen, Funktionen und Werte des Nationalen sehr verschieden sind.

Die Beschädigung des Nationalen als sinnstiftender Kategorie in Deutschland ist gut nachvollziehbar. Den Nachbarn wurde im Zeichen eines radikalisierten deutschen Nationalismus großes Leid zugefügt. Auch deswegen war und ist die Geschichte des Nationalen z.B. in Polen und Russland eine ganz andere als in Deutschland. Noch anders verhält es sich in anderen Teilen der Welt. Lassen Sie mich ein kleines Beispiel aus der Ferne nehmen, nämlich St. Lucia, Staat seit 1966, endgültig unabhängig seit 1979, Mitglied im Commonwealth, zwischen Großbritannien und Frankreich im 18. Jahrhundert hart umkämpft und stark geprägt von der Sklaverei dieser Kolonialmächte. Bei der Begründung der noch jungen Nationalkultur spielt die Literatur eine große Rolle und insbesondere Derek Walcott,[23] der 1930 auf St. Lucia geboren wurde und 1992 den Nobelpreis erhielt. Walcott verbindet die Kenntnis der großen europäischen Literatur mit der präzisen Wahrnehmung lokaler Gegebenheiten, der Natur, auch der Sprache. Sein Werk kann daher hybrid genannt werden, ähnlich hybrid, wie James Joyces *Ulysses* seine Heimatstadt Dublin sowie, vor allem, die englische und irische Literatur mit Homer zusammenfügt.[24] In den *Derek-Walcott-Nobel-Laureate-Lectures Saint Lucia*[25] schreibt Antonia Macdonald Smythe von einem »good old-fashioned national pride«,[26] der gerade durch die Literatur von Walcott begründet werde. Schwer vorstellbar, dass eine Germanistin zur Begründung ihres Faches heute die Förderung von Nationalstolz heranzöge.[27] Das Beispiel bezeugt, wie vielfältig das Nationale in der Welt realisiert werden kann. Die Theorien des Nationalen und des Nationalismus basieren auf historischen Erfahrungen in bestimmten Ländern oder Weltregionen, deren globale Verallgemeinerung problematisch erscheint. Im postkolonialen Diskurs ist der Begriff des »anti-kolonialen Nationalismus« eingeführt worden, was auf St. Lucia nicht zutrifft, da hier ein bereits bestehender Staat und die Menschen, die dort leben, eine eigene Identität erarbeiten wollen. Gibt es also einen neuen ›guten‹ anti-kolonialen Nationalismus und einen ›schlechten‹ Nationalismus, wie er etwa in

Deutschland zu dunkler Blüte gekommen ist? Das wird man Fall für Fall prüfen müssen. Es gibt ja auch einen aggressiven Nationalismus in Entwicklungsländern und anderen Ländern außerhalb Europas.

2 NEUPHILOLOGIEN – GERMANISTIK UND ANDERE

Erich Rothacker sprach 1948 vom »fast chaotische[n] Eindruck«,[28] den die Geisteswissenschaften in ihrer Genese und Differenzierung machten. Das gilt auch für die Philologien, insbesondere die Neuphilologien.
Im aktuellen *Reallexikon der deutschen Literaturwissenschaft* bestimmt Karl Stackmann »Philologie [als] Wissenschaft, die Texte der Vergangenheit verfügbar macht und ihr Verständnis erschließt«.[29] Stackmann konstatiert ein nachlassendes Prestige der Philologie, das er auf die zunehmende Differenzierung und Spezialisierung der Einzeldisziplinen zurückführt.[30] Es ist ein weiter Weg von der Emphase der Philologie im 19. Jahrhundert, zumal der Klassischen Philologie, zum heute in verschiedenen Sprachen etwas angestaubt klingenden Begriff Philologie: »[…] philology, a term now rarely used but once applied to the study of language and literature. Nowadays a distinction is usually made between

literary and linguistic scholarship, and the term philology, where used, means the study of language, i.e. linguistics [...]. It survives in the titles of a few learned journals that date to the 19th century.«[31]

Immerhin kommt ein Ansatz einer Neubewertung von einer Seite, von der man sie gar nicht erwartet hätte: nämlich Edward Saids Vorwort (2003) zu *Orientalism*, einem der Standardwerke des postkolonialen Diskurses. Said distanziert sich von den Zügen des Postmodernismus und der Dekonstruktion, die sich in den postkolonialen Diskurs eingeschrieben hatten.[32] Ein Element, diese Distanzierung deutlich zu machen, ist die positive Verwendung des Begriffs Philologie, deren Potenzial er noch nicht ausgeschöpft sieht. Sie dürfte zu einer Stärkung des Begriffs im englischsprachigen Raum beitragen. »To young people of the current generation the very idea of philology suggests something impossibly antiquarian und musty, but philology in fact is the most basic and creative of the interpretive arts. It is exemplified for me most admirably in Goethe's interest in Islam generally, and Hafiz in particular, a consuming passion which led to the composition of the *West-Östlicher Diwan*, and it inflected Goethe's later ideas about *Weltliteratur*, the study of all the literatures of the world as a symphonic whole which could be apprehended theoretically as having preserved the individuality of each work without losing sight of the whole.«[33]

Und auch die Offenheit für das Andere kann ein Zug der Philologie sein, wie Said mit Hinweis auf Auerbachs Essay *Philologie der Weltliteratur* betont.[34]

Der Begriff Philologie mag trotz dieser neuen Impulse heute hier und da etwas altmodisch anmuten. Dennoch dient er in vielen Fällen, vor allem in Einführungen in die einzelnen Disziplinen, als Anker oder Klammer bei der Grundlegung verschiedener Fächer wie der Neuen deutschen Literaturwissenschaft, deren Vorgängerinnen sich im 19. Jahrhundert allmählich von der Klassischen Philologie ablösten. Eine solche Klammer scheint nötig angesichts einer ins Unübersichtliche gehenden Ausdifferenzierung der philologischen Disziplinen und Fächer. Wilhelm Voßkamp behauptet: »Nichts charakterisiert die Literaturwissenschaft heute mehr als ihre Vielfalt.«[35] Klaus Weimar vermutet, »daß der schwankende Gebrauch von Germanistik, deutsche bzw. germanische Philologie oder Literaturwissenschaft auch ein Indiz ist für die unsichere Disziplinarität des Faches.«[36] Wo der Begriff Philologie heute in den Einzelphilologien verwendet wird, oft ohne Erklärung und Definition, hat er nicht selten die Funktion, eine scheinbar eindeutige Wissenschaftstradition und disziplinäre Stringenz zu suggerieren – oder zu beschwören.

Voßkamp setzt eine entscheidende Phase der Ausdifferenzierung des Faches Deutsche Philologie für das frühe 20. Jahrhundert an und sieht sie vor allem in der Ablösung des philologischen Positivismus durch die Geistesgeschichte in den 20er Jahren.[37] Dabei gab es schon im 19. Jahrhundert deutliche Differenzen zwischen Philologen, welche die editorische Sicherung von Texten, nicht nur von literarisch herausragenden Texten, ins Zentrum rückten, dann Germanisten, denen die Höchstleistungen der Wortkunst wichtig waren, und schließlich Literarhistorikern. Auch die sprachliche Reichweite variierte. Das Denken in Sprachfamilien, die als mental-kulturelle Verbände aufgefasst werden konnten, ein Denken, das vor allem die Romanistik geprägt hat, galt eine Zeitlang ähnlich für die Germanistik, die dann das Englische bzw. Angelsächsische und Niederländische und ihre Literaturen einbezog. In dieser die Sprachfamilie ins Auge fassenden Germanistik konnte ein Germanist wie Hoffmann von Fallersleben zugleich ein Pionier der modernen Niederlandistik werden, was seit jüngerem von einer neuen Generation von Niederlandisten auch in den niederländischsprachigen Ländern anerkannt wird. Anfangs wurden Sprachen und Literaturen wie Englisch und Französisch von einer Professur abgedeckt, aber auch Deutsch und Französisch, z. B. bei einer Konzentration auf mittelalterliche Texte.[38]

Die Anglistik bzw. Amerikanistik, oder wie immer sie in ihren Spezifikationen genannt wird, betrachtet heute die Literaturen englischer Sprache in ihrer globalen Vielfalt. Und auch in dieser und in anderen fremdsprachigen Philologien war die Wissenschaftsgeschichte nicht einsinnig. Die romanische Philologie hat sich in Deutschland z. T. aus einem breiten Interesse an neuerer Literatur heraus entwickelt. Gustav Gröber: »Die ersten zünftigen Romanisten gingen aus der Romantik und der deutschen Philologie selbst hervor«.[39] Die Romanistik erscheint am Anfang zum Teil als eine Form der Vergleichenden oder sogar Allgemeinen Literaturwissenschaft.[40]

Die Reduzierung auf einzelne Sprachen hatte zumindest teilweise eher praktische Gründe als konzeptionell nationale oder disziplinäre. So hat auch die Lehrerausbildung als gesellschaftlicher Bedarf die Entwicklung der Neuphilologien in Deutschland im 19. Jahrhundert mit beeinflusst. Die Wissenschaftsgeschichte der Germanistik ist ebenfalls heterogener und manchmal auch verwirrender, als eine Herleitung aus dem Interesse an der Nationalkultur zeigen würde. Rein disziplinäre, philologische Motivationen einer Arbeit am Text haben wohl einen starken Anteil gehabt. Und doch hat die jüngere Tendenz zur Exstirpation des Nationalen aus der Orientierung des Faches zu seiner »Legitimationskrise« über das Maß hinaus beigetragen, das die Geisteswissenschaften insgesamt betroffen hat. Walter Schmitz fasst 2007 zusammen, es habe in der Phase der Etablierung der Germanistik einen Konsens gegeben in der »sicheren Bestimmung ihres Gegenstandes:

- der Sprache als Fundament aller Lebensäußerungen und des geschichtlichen Werdens eines Volkes;

– der Literatur als der höchsten Blüte dieses sprachlichen Vermögens, gleichsam die »Essenz des Volksgeistes bildend«; und er konstatiert dann eine »Dauerkrise der Nationalphilologie«.[41]

Die »Legitimationskrise« ist ein Topos von Germanistentagen und Einführungsbänden und anderen Gelegenheiten und Publikationen mit grundlegenden Reflexionen zum Fach. Sie betrifft aber auch die Geisteswissenschaften überhaupt[42] – dieser Krise wollte vor zwanzig Jahren die Denkschrift *Geisteswissenschaften heute* (1991) entgegenwirken.[43] Hinzu kommt die Annahme: »Die Gravitation der europäischen Einigung wird zudem an der äußeren nationalstaatlichen Gliederung der Philologien zerren.«[44] Schmitz will »Germanistik nicht mehr von der deutschen Sprache, und – davon abgeleitet – von der deutschen Literatur her definieren, sondern sie als Wissenschaft von kulturellen Prozessen in Räumen begreifen«.[45] Petersen und Wagner-Egelhaaf definieren »Germanistik« hingegen als »deutsche Sprach- und Literaturwissenschaft«; deren »Neuere Abteilung«, die »neuere deutsche Literaturwissenschaft«, sei »[a]usschließlich an der Nationalsprache orientiert«.[46]

Von Anfang an gibt es aber nicht nur eine Spannung zwischen dem nationalen Gehalt und der rein philologischen Orientierung am Text, sondern auch zwischen einer breit angelegten Philologie als »Wissenschaftsdisziplin [...], die Ursprung, Umstände und Entwicklung von Sprache, Literatur und Kultur eines Volkes auf der Grundlage sprachlicher und literarischer Zeugnisse der Vergangenheit erforscht«[47] und in ihrer Breite der Klassischen Philologie nachfolgt einerseits,[48] und einer Beschäftigung mit Literatur andererseits, die um 1800 auf Wortkunst verengt und die Poesie, auch in der Modifikation neuplatonischer und pietistischer Weltauffassungen, als Spiegel des inneren Lebens oder des ›Geistes‹ der Nation versteht. Tiefe, als ein Autostereotyp deutscher Identität, wird mit dem Konzept der Nation gefüllt. »Die Nation wird zur Identität und der Nationalgedanke gibt der Entelechie jetzt ihre Konturen«, so Jürgen Fohrmann.[49] Er hat die Probleme der nationalen deutschen Literaturgeschichtsschreibung im 19. Jahrhundert in ihrem Blick von innen, dem Versuch, die Literaturgeschichte aus dem Inneren der Nation zu verstehen, in ihrer Entelechie ausgemacht. Herder habe zuvor die Argumente von »Nation als Zentrum« gebündelt.[50] »An ihrem Endpunkt wartet fast immer der preußische Staat«.[51] »An ihrem Ende stand dann die Aufgabe des Vorhabens, Literaturgeschichte über ein nationales Sinnkonzept begründen zu wollen,« und Zweifel kamen auf, ob »die Einheitsstiftung von (Literatur-)Geschichte durch *eine* Sinnebene«[52] möglich ist.

Merkwürdigerweise setzen die Wissenschaftsgeschichtsforschung und -schreibung der Germanistik diesen Blick von innen und nach innen fort, gegen ihre aufklärerische Absicht. Der auch aus historisch-politischen Gründen (Germanistik im Nationalsozialismus) in der zweiten Hälfte des 20. Jahrhunderts erfolgte Ausbau der wissenschaftsgeschichtlichen Forschung hat vielleicht den Faktor der Nationaldisziplin Germanistik in der Intention, ihn abzuarbeiten, noch weiter verstärkt, aber natürlich nicht mit den alten Zielen und Begrifflichkeiten, sondern in selbstaufklärerischer Absicht. Dass die Germanistik von ihrer Vorgeschichte weg will und doch nicht ganz kann, zeigt noch einmal Anz' *Handbuch*. Es will nicht germanistisch sein, sondern sich in Richtung einer transnationalen Literaturwissenschaft bewegen. Wenn das nicht durchschlägt, werden zunächst praktische Gründe angeführt wie notwendig begrenzte Sprachkenntnisse und, damit verbunden, begrenzte Kenntnisse anderer Literaturen. Die Beispiele, die im Handbuch verwendet werden, sind aber nicht zufällig oft germanistisch. Die Perspektiven der fremdsprachigen Philologien in diesem Band beziehen sich immer auf ihre Entwicklung in Deutschland. Das nationale Wissenschaftssystem bestimmt den Blick. Er geht immer noch nach innen – und kommt von dort: Entelechie weiterhin. Neu – und in die Richtung zielend, die ich mir vorstelle – sind allerdings die Entwicklung einer Interkulturellen Germanistik und damit der Einbezug anderer Perspektiven, des Blicks von außen.[53]

3 POSTCOLONIAL STUDIES/POSTKOLONIALE LITERATURWISSENSCHAFT

Einen nach der Zahl der Diskursteilnehmerinnen und -teilnehmer und der globalen Ausstrahlung sehr wirkungsmächtigen Diskurs der Literatur- bzw. Kulturwissenschaft bildet die postkoloniale Literaturwissenschaft. Eine Legitimationskrise wie die Germanistik kennt sie nicht. Der politisch geprägte kulturwissenschaftliche Ansatz, der das Gesamtverhältnis zwischen kolonisierenden und kolonisierten Ländern und Kulturen und auch die Asymmetrien ethnischer und kultureller Verhältnisse unter Machtaspekten reflektiert und verändern will, wird in den Literaturwissenschaften verschiedener Weltregionen rezipiert. Seine Reichweite und die seines Anspruches sind global. Zugrunde liegen die Erfahrungen der Kolonialepoche und das Ende der Kolonialreiche samt den ihnen vorausgehenden Befreiungskämpfen und die dann folgende Arbeit an neuen Identitäten. Seine Zielsetzung stellt auf die Gleichberechtigung aller Menschen und Kulturen ab, reflektiert den prägenden Blick des ›Westens‹ (oder ›Nordens‹) auf den Orient (oder den ›Süden‹), den Blick der europäisch geprägten Kulturen auf die außereuropäischen Kulturen – und auf die Selbstwahrnehmungen dieser Kulturen unter der prägenden Kraft der ›westlichen‹ Darstellungen. Er argumentiert gegen Eurozentrismus,[54] »nationalism«, und gegen die mit Nationalismus oft verbundene Ideologie der ›Reinheit‹ von Kultur, also für »cultural difference«, mit Migration verbundene Erscheinungen oder Ziele und mögliche Folgen wie Multikulturalität und Hybridität.[55] Es ist eines seiner Verdienste, die globalen Zusammenhänge von Machtinteresse, Kultur und Wissenschaft und ihre Auswirkung bis auf die lokale Ebene sehr deutlich gemacht und angeregt zu haben, dass demokratische Prinzipien noch weiter in die Perspektivierung literaturwissenschaftlicher Fragen eingehen sollten.

Zahlreiche führende Theoretiker und Theoretikerinnen des postkolonialen Diskurses sind nicht-europäischer Herkunft. Viele haben indische Wurzeln; im Fall des einflussreichen Edward W. Said sind es palästinensische. Ein Meilenstein des postkolonialen Diskurses ist sein

Buch *Orientalism*,[56] das für meine Vorschläge anschlussfähig ist. Said sieht die ›westliche‹ Wissenschaft, insofern sie sich mit dem Orient beschäftigt hat, als ideologisch geprägt, machtdurchtränkt. Auch »in Oriental Studies or Area Studies Orient [...] Orientalism lives on academically«, also die westliche Perspektive, der »style of thought« über ›den Orient‹.[57] Diese Perspektive sei, auch wo sie wissenschaftlich generiert wurde, dem britischen und französischen Imperialismus verbunden gewesen, dem dann die Hegemonialmacht der USA gefolgt sei. Freilich sei ›der Orient‹, Asien eingeschlossen, nicht nur eine Konstruktion des Westens: »There were – and are – cultures and nations whose location is in the east, and their lives, histories, and customs have a brute reality obviously greater than anything that could be said about them in the West.«[58]

Um diese Realität geht es Said aber nicht primär, sondern um Machtfragen, die in die Konstruktion des ›Orients‹ als »created body of theory and practice«[59] hineinragen. Said konstatiert ein tiefsitzendes europäisches Wir- und Überlegenheitsgefühl. Auch die wissenschaftliche Spezialisierung habe sich dem Einfluss des politischen

Imperialismus nicht entziehen können. Um das aufklärend in den Blick zu nehmen, sollten die ›humanities‹ (Geistes-/Kulturwissenschaften) sich Politik und Kultur zuwenden.[60] Es geht Said nicht darum, Innenansicht gegen Außenansicht auszuspielen oder die Möglichkeit zu bestreiten, dass über eine andere Kultur von außen überhaupt sinnvoll wissenschaftlich gearbeitet werden kann, sondern vielmehr um die Anmahnung eines Dialogs als erkenntnisförderndes Verfahren.[61]

Der postkoloniale Diskurs nimmt die Konstruktion, auch die Neukonstruktion nationaler und anderer kollektiver Identität durch Literatur in den Blick, was sich in Buchtiteln wie *Inventing India*, *Writing Ireland*, *The Invention of Africa* zeigt, »[taking] very seriously the idea that language (in the broad sense) is not only world-disclosing but also world-constituting.«[62] Der Titel des Buches von Bill Ashcroft et al. *The Empire Writes Back. Theory and Practice in Post-colonial Literatures*[63] ist zum geflügelten Wort geworden. Hier stehen diejenigen Schriftstellerinnen und Schriftsteller im Fokus, die in Staaten leben, welche einst von Großbritannien kolonisiert worden waren. ›Post-colonial literatures‹ meint bei

Ashcroft et al. die Literaturen im gesamten Prozess vom Beginn der Kolonisierung bis heute. Die Frage, was post-koloniale Literaturen sind, beantworten diese Autoren so: »the literatures of African countries, Australia, Bangladesh, Canada, Caribbean countries, India, Malaysia, Malta, New Zealand, Pakistan, Singapore, South Pacific Island countries, and Sri Lanka are all post-colonial literatures. The literature of the USA should also be placed in this category.«[64]

Begriffe, mit denen diese englischsprachige Literatur bestimmt werden soll, sind oft: Commonwealth Literature,[65] oder, etwas aktueller, ›new literatures in English‹,[66] noch etwas aktueller: ›post-colonial literatures‹ .[67] Diesem Begriff wird der Vorzug gegeben, er sei auch auf indigene Sprachen und Literaturen anwendbar – und auf das Französische, Spanische, Portugiesische und deren Literaturen.[68] Innerhalb der postkolonialen Literaturen sei eine Dominanz von britischen Standards festzustellen, sowohl der Literatur als auch der Sprache.[69]

Die Entstehungsvoraussetzungen und die Schwerpunkte des postkolonialen Diskurses liegen in einem weit gefächerten Raum, der durch das British Empire bzw. das als lockerer Verband heute noch wirksame Commonwealth und die USA geprägt ist und in dem die englische Sprache und ihre Varietäten bestimmend sind. Im geschichtlichen Prozess ist das britische Empire um 1900 von den USA als Hegemonialmacht abgelöst worden.[70] Auch Said hatte einen »shift from British and French to American hegemony«[71] festgestellt. Trotz der expliziten Tendenz dieses Diskurses, nationale Orientierungen des Westens aufzuheben, zeigt sich, dass die Selbstwahrnehmung der postkolonialen Literaturwissenschaft oft US-amerikanisch oder britisch geprägt ist: »In many ways the American[72] experience and its attempts to produce a new kind of literature can be seen to be the model for all later post-colonial writing.«[73] Die in sich heterogene ›Nationalliteratur‹ der USA wird zum Maßstab aller postkolonialen Literaturen. Alles liege nun an den USA, die Ende des 20. Jahrhunderts »as the world's only hegemon and superpower«[74] übriggeblieben seien.

Auf der europäischen Seite des Atlantiks geht es um ein neues Verständnis des Britischen, das unter dem Einfluss der Veränderung der Bevölkerung des Vereinigten Königreiches vielfältiger wird: »Not least because of the social changes that have occurred as a result of migration, the idea of a *selfcontained* [meine Hervorhebung] national literary tradition seems anomalous, time-bound, and hopelessly nostalgic.«[75]

Der Begriff der nationalen Literatur wird nicht aufgegeben, sondern lediglich sein Inhalt vielfältiger: »Thus Chris Ofili and Meera Syal, Asian Dub Foundation and Cornershop are all central to the cultural map of contemporary Britain, and contribute significantly to the definition of what it is to be British today. What makes them ›British‹ cannot be referred to essentialist or absolutist notions of nation or culture, race or ethnicity. At the very least it is clear that we can no longer hold comfortably on to the notion of a closed national culture, complete within or for itself.«[76]

Bei aller Modifizierung der Inhalte bleibt es bei der Relevanz nationaler Kategorien auch in der Gegenwart der Literaturen und Philologien.

»The development of national literatures and criticism is fundamental to the whole enterprise of post-colonial studies [...] It is this sense of difference which constitutes each national literature's mode of self-apprehension and its claim to be a self-constituting entity.«[77]

Neben diesem angloamerikanischen, in andere Sprachräume ausstrahlenden Hauptgebiet des postkolonialen Diskurses gibt es noch einen kleineren Wirkungskreis mit Frankreich im Zentrum. Andere ehemalige Kolonialmächte wie Portugal bleiben daneben in dieser Hinsicht vergleichsweise marginal.

Die jüngst international wieder verstärkte Diskussion um Weltliteratur zeigt das Interesse an einer tatsächlich Grenz- und Sprachgrenzen überschreitenden Ausrichtung der Literaturwissenschaft. Diese Diskussion bewegt sich um vielfach durch den postkolonialen Diskurs aufgebrachte Begriffe wie Alterität, Hybridität, Globalisierung, gelegentlich Kosmopolitisierung. Sie fragt auch, inwieweit Hybridisierung Homogenisierung durch das Englische bedeutet. Die Frage scheint berechtigt und ergibt sich aus der oben skizzierten weltregionalen Fundierung des postkolonialen Diskurses. Auch fragt sich, inwieweit sich normative Poetiken ergeben, indem etwa Erfahrung vor Fiktion den Vorrang erhält, also Werke mit biographischem Charakter, insbesondere solche mit der Erfahrung des ›displacement‹,[78] bevorzugt werden, oder Hybridität als poetologischer Wert erscheint. Der postkoloniale Diskurs hat sehr wichtige Anregungen zu einer Öffnung interkultureller Perspektiven und zu einem fairen Miteinander der Kulturen gegeben. Ein globales Konzept kann daraus bei der Bindung an kultur- und gesellschaftsspezifische Voraussetzungen vor allem der USA, daneben des Vereinigten Königreiches von Großbritannien und Nordirland trotz seiner politischen und sprachlichen Reichweite nicht werden,[79] oder nur um den Preis einer Ausweitung von Hegemonialmacht – was der Idee des postkolonialen Diskurses zuwiderliefe und was sich nicht abzeichnet. In einer polyzentrischen Welt, in der einzelne Reiche oder ihre Nachfolger an Bedeutung verlieren, wird auch der postkoloniale Diskurs eher eine kräftige Stimme im Chor denn der Leadsänger sein.

4 DIE PROGRAMMATIK DER UNESCO UND DIE NEUPHILOLOGIEN: VIELFALT

Ich schlage eine Wendung um 180 Grad vor: Literaturwissenschaft und ihre Perspektiven sollten nicht begründet werden aus der Binnensicht einer Einzelphilologie (Neuphilologie/Nationalphilologie), einer Sprachfamilie oder auch der regional umfassenderen, einen globalen Anspruch stellenden, gleichwohl vor allem sprachlich und in der Fixierung auf ›Leitstaaten‹ begrenzten Perspektive des postkolonialen Diskurses, auch nicht aus der Binnenperspektive einer die Neuphilologien neu verbindenden Europäischen Literaturwissenschaft. Warum nicht künftig den Blick auf die Sprachen und Literaturen der Welt – fiktiv – aus der Perspektive der UNESCO richten? Wem das zu politisch angeleitet erscheinen sollte, der möge einen solchen Punkt der Vogelschau auf die Welt (und ihre Sprachen und Literaturen) in heuristischer Absicht einnehmen. Die Raumfahrt hat ihn jenseits der Wörter tatsächlich ermöglicht.[80]

Die Programmatik der UNESCO findet ihre Textgestalt u.a. in Konventionen und Programmen. Die Konventionen schaffen eine völkerrechtliche Verbindlichkeit. Es ist erstaunlich, dass diese Konventionen und Programme in unseren Fächern und Disziplinen, den Neuphilologien, überhaupt den Geistes- oder Kulturwissenschaften, nicht sehr bekannt sind, vielfach gar unbekannt. Man sollte nicht hinter sie, die in der Fluchtlinie von Kants *Zum ewigen Frieden. Ein philosophischer Entwurf*[81] (1795) liegen, zurückfallen. Die in Kants Schrift skizzierten philosophischen Grundlagen eines ›Weltbürgerrechts‹ als Ergänzung des Völkerrechts müssen, wenn sie zur Anwendung kommen, ihre Wirkung auch auf die Geisteswissenschaften haben, insofern diese in einem Spannungsfeld von nationaler und internationaler Orientierung stehen. Zur Konstruktion einer solchen Perspektive der UNESCO ziehe ich im Folgenden vor allem heran:
1. *Convention on the Protection and Promotion of the Diversity of Cultural Expressions* (2005).[82]
In der Übersetzung der Deutschen UNESCO-Kommission: *Übereinkommen über Schutz und Förderung der Vielfalt kultureller Ausdrucksformen.*[83]

2. Die Übernahme von Zielen des Welt(doppel)-gipfels über die Informationsgesellschaft (Genf 2003/Tunis 2005), zusammengefasst in: *Fostering Information and Communication for Development. UNESCO's Follow-up to the World Summit on the Information Society.* Paris: UNESCO 2009.

3. *UNESCO World Report: Investing in Cultural Diversity and Intercultural Dialogue.* Paris: UNESCO 2009.

Das von Deutschland 2007 ratifizierte *Übereinkommen über Schutz und Förderung der Vielfalt kultureller Ausdrucksformen* (2005), an dessen Text die Dresdner Völkerrechtlerin Sabine von Schorlemer von deutscher Seite Anteil hat, ist ein Meilenstein in der Sicherung des Rechtes öffentlicher Kulturförderung. Ihren herausragenden Charakter hat die Deutsche UNESCO-Kommission als Herausgeberin der deutschen Fassung verdeutlicht, indem sie diese im Untertitel als Magna Charta der Internationalen Kulturpolitik bezeichnet hat. Denn das Übereinkommen bildet einen, vielleicht den ersten international verbindlichen Riegel gegen die Bestrebungen, den Markt als Hauptakteur aller gesellschaftlichen Bereiche durchzusetzen, auch des Bereiches Kunst und Kultur. Eine solche Durchsetzung hätte aus der Anwendung des Weltdienstleistungsabkommens (GATS, General Agreement on Trade in Services, seit 1995) auf Kunst und Kultur folgen können, das eine weitergehende Liberalisierung aller Dienstleistungsmärkte anstrebt. In der Konsequenz hätte eine staatliche oder andere öffentliche Kulturförderung unter Umständen als unerlaubte Subvention (Protektionismus) betrachtet werden können.[84]

Das Übereinkommen entstand »in der Erkenntnis, dass die kulturelle Vielfalt ein gemeinsames Erbe der Menschheit darstellt und zum Nutzen aller geachtet und erhalten werden soll.«[85]

Es will »kulturelle Vielfalt [...], eine entscheidende Voraussetzung für nachhaltige Entwicklung[86] zu Gunsten gegenwärtiger und zukünftiger Generationen«,[87] fördern und geht von der »Einzigartigkeit und Pluralität der Identitäten und kulturellen Ausdrucksformen der Völker und Gesellschaften«[88] aus. Auch die Vielfalt der Sprachen wird explizit, obgleich knapp, einbezogen: »Sprachenvielfalt [ist] ein grundlegender Bestandteil der kulturellen Vielfalt«.[89]

Es geht darum, »die besondere Natur von kulturellen Aktivitäten, Gütern und Dienstleistungen als Träger von Identität, Werten und Sinn anzuerkennen«.[90] Damit wird verbindlich festgeschrieben, dass kulturelle und künstlerische Güter und Aktivitäten nicht allein den Spielregeln des freien Marktes unterliegen, sondern dass hier andere Werte maßgeblich sind. Die Menschenrechte haben dabei immer Vorrang. In einem Aufsatz mit dem Titel *Kulturpolitik im Völkerrecht* verankert zu diesem Übereinkommen schreibt von Schorlemer,[91] die Konvention kämpfe »gegen die Homogenisierung und Kommerzialisierung der Kultur«. [92] Zugleich sollen »Entwicklungsländer« durch »die internationale Zusammenarbeit« und den »gleichberechtigte[n] Zugang« zur Kultur gefördert werden. Interkulturalität wäre demzufolge die gleichberechtigte Interaktion verschiedener Kulturen.

Der Akzent des Übereinkommens liegt auf der Gegenwartskultur und -kunst. Doch indem deren Formen und Inhalte in die Kultur eingehen und diese prägen, sind sie weiter zu pflegen. Das Übereinkommen ist auch für die weltweit wirksamen UNESCO-Kulturerbe-Programme[93] von Bedeutung. Umfang und Inhalt dieser Programme zeigen, wie bedeutsam die Pflege der kulturellen Überlieferung für die UNESCO ist.

Ähnlich wie die Bedeutung der Memoria für die Neuphilologen soll die der historischen Dimension der UNESCO-Kulturprogramme in dieser Vorlesung nicht im Detail behandelt werden.

Das Übereinkommen reicht darüber hinaus in weitere Aktivitäten und Programme der UNESCO hinein. An die damit verbundenen Arbeiten an der Kulturgeschichte werden also ebenfalls Anforderungen der Förderung kultureller Vielfalt gestellt.

Der in unserem Zusammenhang besonders wichtige Aspekt der sprachlichen Vielfalt, die in dem Übereinkommen, wie gesagt, als »grundlegender Bestandteil der kulturellen Vielfalt«[94] bezeichnet wird, spielt auch in den Aufgaben, welche die UNESCO vom Weltgipfel zur Informationsgesellschaft (Genf 2003/Tunis 2005) übernommen hat, eine Rolle, z.B. dessen Kapitel 8 (C8): »Cultural diversity and identity, linguistic diversity and local content [...]

UNESCO and stakeholders defined five main sub-themes, thus clustering the Plan of Action's most important issues: a. Memory and heritage; b. Local content and contemporary cultural expression; c. Linguistic diversity; d. Transversal research; e. People with disabilities.«[95]

Die Förderung sprachlicher Vielfalt und die gleichberechtigte Behandlung der verschiedenen Sprachen ist in den letzten Jahren verstärkt in Empfehlungen und andere grundlegende Texte der UNESCO eingeschrieben worden. Dabei wird die Bedeutung der Sprachen nicht nur für Gemeinschaften, sondern für jeden einzelnen Menschen betont: »The demand that all languages be treated equally is a call for recognition of the dignity of all individuals«.[96] Der UNESCO World Report zählt »Languages« zu den »Key Vectors of Cultural Diversity« und nennt sie »the most immediate manifestation of cultural diversity«: »languages are not just a means of communication but represent the very fabric of cultural expressions; they are carriers of identity, values and worldviews«.[97]

»Local and national languages [...] remain crucial, even if global languages are a necessary tool of communication for expressing our identities as citizens of the world. A guiding principle of cultural diversity is therefore to continue to strengthen and maintain the diversity of languages [...], all the while supporting international languages that offer access to global communication and exchange of information.«[98]

Dieser letzte Satz zielt auf die Förderung vor allem des Englischen aus pragmatischen Gründen. Es ist zur Zeit die Sprache des weltweiten Zugangs zu Informationen und der internationalen Kommunikation, aber auch der Kommunikation z.B. innerhalb vielsprachiger Länder wie Indien oder Südafrika. So verfolgt die UNESCO eine Doppelstrategie. Die Sprachen sollen kulturelle Identität und interkulturellen Dialog mitkonstituieren: »Language revitalization, which is often the key to recovering cultural identity, depends first and foremost on a community's reassertion of the value of its own cultural identity«.[99] In dem Kapitel »Multilingualism, translation and intercultural dialogue« heißt es: »There is a need to both preserve global linguistic diversity as a prerequisite for cultural diversity and to promote multilingualism and translation in order to foster intercultural dialogue.«[100]
Förderung der einzelnen Sprachen, Förderung von Mehrsprachigkeit und von Übersetzungen sind sich gegenseitig ergänzende Maßnahmen.[101] Folgerichtig gilt das für die in den verschiedenen Sprachen generierten kulturellen Leistungen. Das bedeutet, dass nicht eine Homogenisierung der Weltliteraturen oder Weltliteratur angestrebt

wird, sondern die Sicherung und Pflege ihrer sprachlichen Vielfalt und der darin erbrachten Leistungen. Der Lyrik wird in der UNESCO dabei eine besondere Rolle zugeschrieben.[102]

Nimmt man diese Aufgaben zusammen, nämlich die Pflege von »memory and heritage«[103] und die Förderung von kultureller und sprachlicher Vielfalt, dann decken die Neuphilologien, deren Gegenstände aus der Vergangenheit und der Gegenwart (Gegenwartsliteratur) stammen, ganz spezifische Aufgaben ab: Die Neuphilologien sichern die Vielfalt kultureller und sprachlicher Ausdrucksformen der Welt. Sie erforschen ihre literarischen Gestaltungen in ihrer historischen Dimension, ihrer gegenwärtigen Bedeutung, arbeiten an ihrer Sicherung für die Zukunft und pflegen die jeweilige Sprache.

Sie haben in ihrem Verbund eine globale Bedeutung, indem das kulturelle Erbe und die Gegenwartskultur der Menschheit in der Vielfalt der Kulturen und Sprachen realisiert und bewahrt werden sollen, wie es die erwähnten UNESCO-Konventionen und -Programme fordern. Die sprachliche Prägung der Gegenstände des Philologen hatte Stackmann konstatiert: »Der einzelne Philologe ist in der Regel nur mit Texten einer bestimmten Sprache oder Sprachengruppe aus einer bestimmten Periode befaßt«.[104]

Die Binnenorganisation der einzelnen Neuphilologien, ihre nationale, staatliche, regionale oder auf Sprachen bezogene Reichweite und die Entscheidung, wie breit die jeweilige Philologie angelegt ist, ob sie sich an Kanon und Höhenkammliteratur orientiert oder populäre Literatur, Sachliteratur oder andere Medien einbezieht und dabei eine Tendenz zu einer breiter angelegten Kulturwissenschaft entwickelt, sind hieraus nicht abzuleiten.[105]

Die Vielfalt der Sprachen und Literaturen zu fördern, heißt nicht, gegenseitige Anregung und Austausch zu bremsen. Transfer, Rezeption und Hybridisierung haben ja immer schon stattgefunden und sollen nicht stillgestellt werden. Im Sinne der UNESCO wäre Hybridisierung da zu begrüßen, wo wirklich neue kulturelle Ausdrucksformen[106] Vielfalt begründen und nicht Homogenisierung zur Folge haben.[107] Diese Arbeit an neuen Ausdrucksformen bleibt den Künstlern, in unserem Bereich den Schriftstellerinnen und Schriftstellern überlassen.

Wilhelm von Humboldt wollte in einem Aufsatz *Betrachtungen über die Weltgeschichte* (1814), der auf den Spuren von Kants Abhandlung *Idee zu einer allgemeinen Geschichte in weltbürgerlicher Absicht* (1784) ging, unter anderem den Fehler vermeiden, »dass man die Vollendung des Menschengeschlechts in Erreichung einer allgemeinen, abstract gedachten Vollkommenheit, nicht in der Entwicklung eines Reichthums grosser individueller Formen sucht. [...] Nach dem hier angegebenen Gesichtspunkt muss man in der Weltgeschichte achten: auf die einzelnen Nationen und Individuen [...]; auf die Einwirkung, die sie auf einander und auf ihre Bildung ausgeübt haben; auf das Verhältnis, in dem sie einzeln und zusammen mit dem Begriff der Menschheit überhaupt und den einzelnen durch ihn gegebenen allgemeinen Ideen, und mit einander in Beziehung hierauf stehen; auf den Einfluss der jedesmal zugleich existirenden auf die ganze Masse und die ganze Dauer des Menschengeschlechts.«[108]

Zum Verständnis der Weltgeschichte will Wilhelm von Humboldt sowohl Individuen und Nationen als auch deren Interaktionen und kulturelle Transfers einbeziehen. Von einer Geschlossenheit der Nationen und Kulturen ist nicht die Rede, im Gegenteil. Humboldt betont ja gerade die Einwirkung der Nationen und Individuen aufeinander und ihre Interaktionen mit »dem Begriff der Menschheit«. Man kann dies ohne weiteres auf die Literaturgeschichte übertragen. Auf diesem Tableau ließe sich das Verhältnis von Einzelphilologien und Komparatistik darstellen. In der Gleichberechtigung der Sprachen, der Kulturen und der Neuphilologien arbeiten alle Philologinnen und Philologen in diesem Bewusstsein am kulturellen Erbe der Menschheit und seiner reflektierten Weitergabe an künftige Generationen. Die menschliche Gattung habe, so Kant in der *Anthropologie in pragmatischer Hinsicht* (1798), eine Tendenz zu einer »weltbürgerliche[n] Gesellschaft (cosmopolitismus)« – diese sei aber nur ein »regulatives Princip«.[109] Meine Schrift liegt in der Verlängerung dieser Gedanken und von Kants Abhandlung *Zum ewigen Frieden* (1795).[110] Die darin angedachten Formen eines Zusammenwirkens der Staaten haben sich in Institutionen wie den Vereinten Nationen und ihren Unterorganisationen, so der UNESCO, mittlerweile verfestigt.[111] Aus Kants Ideen zur Völkerverständigung, in der bescheideneren Variante: zum »ewigen Frieden«, der nur im formalen Zusammenwirken der Staa-

ten möglich sei, sind inzwischen z. T. Regeln, Vereinbarungen und Verträge geworden.
Herder hingegen kann bis heute als Protagonist der Vielfalt der Kulturen und Sprachen gelten, einer Vielfalt, die in einem gemeinschaftlichen Gefühl zusammengefasst ist: »Die Tendenz der Menschennatur fasset ein Universum in sich [...] Eine unendliche Verschiedenheit, zu einer Einheit strebend, die in allen liegt, die alle fördert. Sie heißt [...] Verstand, Billigkeit, Güte, Gefühl der Menschheit.«[112] Diese wünschenswerte Pluralität, aus der die Kultur der Menschheit besteht, sollte nicht von innen, aus dem imaginären Kern der Nationalkulturen heraus betrachtet und bearbeitet werden, sondern in der von Kant angestrebten, in der Übereinstimmung von Politik und Moral realisierten globalen föderativen Situation, zu der die allen gemeinsame Vernunft geführt hat.
Vernunft weltweit praktisch werden zu lassen, ist eine Aufgabe auch für die Wissenschaften. Unter den hier dargestellten Prämissen ist es die Aufgabe jeder einzelnen Philologie, jeder einzelnen Philologin, jedes einzelnen Philologen durch die Arbeit an einer je besonderen Sprache und Literatur die Kultur der Menschheit im

Ganzen vernünftig mitzuerschließen und zu fördern. Das ist mehr als eine bloße Addition der verschiedenen Literaturen zu einer Weltliteratur, mehr als die Addition isolierter nationalphilologischer Tätigkeiten, die in der Komparatistik verbunden werden. Denn diese müssen von dem Bewusstsein begleitet werden können, dass nur durch sie die Vielfalt der kulturellen Ausdrucksformen in der Vielfalt der Sprachen als ein gemeinsames Ziel der Menschheit bearbeitet werden kann.

5 DIE NACHHALTIGKEIT DER NEUPHILOLOGIEN

Im Folgenden geht es darum, eine zusätzliche Bestimmung der Neuphilologien vorzunehmen, und zwar anhand der Kategorie der Nachhaltigkeit, mit der erschlossen werden kann, was diese Disziplinen bei Arbeit an der Memoria sowohl für die Gegenwart als auch für die Zukunft leisten.

Der Komplex der Memoria und seine Erschließung durch Kulturtheorie kann hier nur kursorisch behandelt werden. »›Gedächtnis‹ und ›Erinnerung‹ sind vor allem im interdisziplinären Wissenschaftsdiskurs längst zu Leitmotiven der historischen Forschung geworden.«[113] Sie sind zentrale Elemente in der Begründung der Geisteswissenschaften. Knapp zusammengefasst hatte das Joachim Ritter 1963: »Die Aufgabe der Geisteswissenschaften in der modernen Gesellschaft« ist es, »das Vergangene wie das vom Vergehen Bedrohte aufzusuchen, einzubringen, zu erschließen, zu schützen und zu erhalten, es in Sammlungen und Editionen zugänglich zu machen«. [114] Nach der intensiven Phase der theorieorientierten Memoriaforschung der 90er Jahre ist die Arbeit am kulturellen Gedächtnis verstärkt auch als Kernelement der Neuphilologien aufgefasst worden:

»Literatur ist, emphatisch gesprochen, eine spezifische Form kulturellen Gedächtnisses; die intensive Beschäftigung mit Literatur ist *gesellschaftliche Erinnerungsarbeit*. Und Literatur ist allen anderen Formen des kollektiven Erinnerns überlegen [...; Neuere deutsche Literaturwissenschaft] ist die Universitätsdisziplin, durch die die Techniken und Mittel weiter gegeben werden, sich diese Wissensbestände anzueignen und so das kulturelle Gedächtnis zu verlängern.«[115]

Eine Einführung in die Anglistik hält fest: »Literaturen sind [...] gewissermaßen ein Teil kultureller Archive, die gegebenenfalls als (nationales) Kulturerbe auch besonders gepflegt und geschätzt werden«.[116]

Die Arbeit der Neuphilologien an der kulturellen Vergangenheit, an den kulturellen Archiven oder wie immer die Metapher für die Form des kulturellen Gedächtnisses jeweils lauten mag,[117] ist dann bedeutend, wenn sie für die Gegenwart und die Zukunft bedeutend ist. Stellt man die Neuphilologien und ihre Bestimmung auf ein Tableau der gesamten Wissenschaften, dann scheint mir das Konzept der Nachhaltigkeit ein Paradigma zu liefern, welches fakultätenübergreifend zur Verfügung steht, um die Aufgaben unserer Disziplinen für die Gegenwart und für die Zukunft in einer Struktur zu verbinden. Allerdings wird man genau sehen müssen, was das Gemeinsame aller Fakultäten und was das Spezifische der Neuphilologien ist, wenn man auf sie die Kategorie Nachhaltigkeit anwendet.

Die Kategorie der Nachhaltigkeit bzw. der nachhaltigen Entwicklung und die durch sie markierten Konzepte stammen aus konkreten Projekten der Vereinten Nationen, vor allem aus dem Bericht ihrer World Commission on Environment and Development: *Our Common Future* (1987); ich gehe darauf später in diesem Kapitel ein. Sie sind von dort aus in den letzten 25 Jahren in zahlreichen politischen und gesellschaftlichen Bereichen, in Weltorganisationen – so in der UNESCO – und auch in Nichtregierungsorganisationen (NGOs) wirksam geworden. So hat z. B. der UN Millenium Summit 2000 acht entwicklungspolitische ›Millenium Development Goals‹ festgelegt, die bis 2015 erreicht werden sollen.[118]

In Artikel 2 des oben besprochenen Übereinkommens ist einer der leitenden Grundsätze der »Grundsatz der nachhaltigen Entwicklung«. Der *UNESCO World Report* bekräftigt das und spricht von der »long-term sustainability of cultural diversity«.[119]

Nachhaltigkeit und nachhaltige Entwicklung sind zu Kernbegriffen langfristig angelegter globaler Umwelt-, Energie- und Sozialpolitik geworden. Der Schwund der Energieressourcen, die Beschädigung der Umwelt, darunter der Klimawandel, die Gefahren durch verschiedene Formen der Energieerzeugung, der Verlust an Biodiversität, Mangel an Wasser und Nahrungsmitteln, die Vermeidung von Kriegen und Bürgerkriegen, sind internationale Leitfragen von Politik und Wissenschaft. Diese Leitfragen diffundieren in den Bereich Bildung in Schule und Universität und nehmen darin an Gewicht zu.[120]

Auch im Bereich Kultur hat diese Bewegung Auswirkungen gehabt, wie ich kurz am Beispiel der Museen und der Museologie andeuten will. Die UN-Conference on Environment and Development 1992 (der Umweltgipfel von Rio) mit der Verabschiedung der Agenda 21 als handlungsorientierendem Leitfaden mit spezifischen Erwartungen an die Naturwissenschaften war ein wichtiger Katalysator des Berichtes von 1987. In einer ersten Welle der Nachhaltigkeitsdiskussion für den Kulturbereich[121] fragte z. B. die brasilianische Museologin Tereza Scheiner 1997: »Why is it so important that museums deal with environmental questions?«[122] In der Folge widmeten sich weltweit zahlreiche museologische Arbeiten der Frage, was die Museen zu Umweltfragen beitragen konnten, z. B. umweltfreundliche Materialien zu verwenden, Energie zu sparen und das Umweltbewusstsein der Besucherinnen und Besucher zu schärfen. Der Kern der musealen Arbeit wurde dabei nicht erfasst, nämlich die Arbeit an der Memoria. Diese müsste mit weiteren Elementen eines humanen Selbstverständnisses in die Vision eingehen, mit der das Paradigma der Nachhaltigkeit verbunden ist und in der ein planetarer, kosmopolitischer sensus communis für die langfristige rationale Bewahrung oder Entwicklung der natürlichen und sozialen und darin auch der kulturellen Grundlagen zur Geltung kommen soll.

Die Vision einer Menschheit, die ihre Hauptprobleme wie Friedenssicherung, Gesundheit, Grundversorgung der Menschen, Bildung für alle, Naturschutz, Beeinflussung des Klimawandels, Energieversorgung in gemeinschaftlicher Anstrengung bearbeitet, nimmt ja ältere Utopien auf. Aber in unserer Zeit wird wohl zum ersten Mal über die Wege dorthin weltweit auf vielen Ebenen verhandelt und auch zielgerichtet geforscht. In dieser kosmopolitisierenden Bewegung kann man Ideen der Aufklärung zur Geltung kommen sehen. Diese Ansichten einer Einheit der Welt zielen jedoch nicht auf eine Homogenität der Menschheit in kultureller Hinsicht, kulturell in einem weiten Sinn, sondern auf Einheitlichkeit in der Orientierung an Vernunft, auch praktischer Vernunft, und der rationalen Gestaltung der Welt. Darin hat die Politik, haben vor allem auch die Wissenschaften einen hervorragenden Anteil, die Naturwissenschaften und technischen Disziplinen wie etwa Medizin, Ernährungswissenschaften, Ingenieurwissenschaften und Architektur, und die Geisteswissenschaften und in ihnen die Neuphilologien. Jürgen Mittelstraß wünscht sich eine Literaturwissenschaft, die einer »stets präsenten moralischen (und anthropologischen) Dimension alles Literarischen in ihren Analysen, und das heißt wiederum: in Forschung und Lehre, entspricht. [...] Gewinnen würde dadurch nicht nur die Literaturwissenschaft, sondern auch die kulturelle Rationalität, in der wir uns alle bewegen.«[123] Die Neuphilologien sollten sich, so wäre dieser Wunsch ins Konkrete zu wenden, nicht auf die helfende Rolle beschränken, in der sich zum Beispiel die erste Welle des museologischen Nachhaltigkeitsdiskurses gesehen hat und in der dieser sich ganz überwiegend noch immer sieht.[124] Auch die Geisteswissenschaften und die Institutionen der Memoria leisten wesentliche Beiträge zur Gestaltung von Gegenwart und Zukunft im Sinne der eben angedeuteten globalen Vision. Das setzt freilich voraus, dass in dieser Vision, aus der in den letzten gut zwei Jahrzehnten schon konkrete, terminierte Ziele und Maßnahmen abgeleitet wurden, in einer anthropozentrischen Perspektive weiteren Elementen eines humanen Selbstverständnisses eine zentrale Rolle eingeräumt wird, ohne dass dadurch ökologische, etwa an Biodiversität und Naturschutz orientierte Ziele geschmälert werden, Elementen aus dem Ensemble von Kultu-

ren, Sprachen, Memoria. Nicht nur Gesundheit, Frieden, eine Grundversorgung, Bildung gehören zum Bestand der menschlichen Grundbedürfnisse, sondern auch das Recht auf die eigene – wie auch immer definierte – Kultur und Sprache. Wir haben das eben unter den Begriffen und Werten ›Kulturelle Vielfalt‹ und ›Sprachliche Vielfalt‹ und ihrer Bedeutung für eine Begründung der Neuphilologien besprochen.
Wie lässt sich Nachhaltigkeit hier verstehen? [125] Ich schlage vor, auf den Bericht von 1987 zurückzugehen. Der Bericht der World Commission on Environment and Development (WCED) wird oft unter dem Namen der norwegischen Kommissionsvorsitzenden Gro Harlem Brundtland zitiert. Diese Kommission wurde 1983 von den Vereinten Nationen (UN) eingesetzt, um die Folgen von Umweltschäden und des Verbrauches natürlicher Ressourcen und den in vielen Fällen großen Rückstand der Lebensumstände im Süden gegenüber dem Norden bearbeiten zu können; positiv gesagt: »to care about environment and a fair balance between north and south«. Sie sollte »A global agenda for change«[126] erarbeiten. Ihre Definition von sustainable development ist grundlegend: »Sustainable development is de-

velopment that meets the needs of the present without compromising the ability of future generations to meet their own needs.«[127] (»Nachhaltige Entwicklung ist eine Entwicklung, die die Lebensqualität der gegenwärtigen Generation sichert und gleichzeitig zukünftigen Generationen die Wahlmöglichkeit zur Gestaltung ihres Lebens erhält.« [128])

Ist hier auf ein faires Verhältnis zwischen den Generationen abgehoben, also intergenerationelle Gerechtigkeit, so zielt der Bericht zugleich auf intragenerationelle Gerechtigkeit ab. Es ist demnach ein wichtiges Ziel, dass zwischen den Lebensumständen der Menschen in verschiedenen Weltregionen ein ausgewogenes, möglichst gutes Verhältnis besteht. Man könnte das auf die Grundbegriffe Raum und Zeit beziehen. Raum: Intragenerationelle Gerechtigkeit zielt darauf ab, dass zu einem Zeitpunkt in allen Teilen der Welt mindestens zureichende Lebensbedingungen herrschen. Zeit: Intergenerationelle Gerechtigkeit zielt darauf ab, dass zu verschiedenen Zeiten mindestens zureichende Lebensbedingungen bestehen. Beide, intergenerationelle und intragenerationelle Gerechtigkeit, werden auf der normativen Ebene gleichrangig behandelt.[129]

In dieser doppelten Figur liegt die Verknüpfung einer möglichst gelingenden Gegenwart mit den Möglichkeiten für künftige Generationen aller Weltregionen, Gesellschaften und Kulturen, ihre Welt so wahrzunehmen und zu gestalten, dass sie sowohl für sie als auch für wiederum zukünftige Generationen lebenswert sind (soweit diese Möglichkeiten im Horizont heutigen Verstehens und heutiger Entscheidungen liegen können). Das ist nicht nur auf Umwelt und Energieressourcen zu beziehen. Nachhaltigkeit ist als transdisziplinärer Schlüsselbegriff operationalisierbar. Sie soll im Schema eines Dreiecks enthalten sein, das ökologische, ökonomische und soziale Dimensionen verbindet.[130] Der Komplex der Memoria ist im Feld ›Gesellschaften‹ enthalten.

Auch die UNESCO wendet sich der sozialen Welt und darin dem Kulturerbe zu.[131] In dem *Übereinkommen zum Schutz und zur Förderung der Vielfalt kultureller Ausdrucksformen* (2005) heißt es: »Der Schutz, die Förderung und der Erhalt der kulturellen Vielfalt sind eine entscheidende Voraussetzung für nachhaltige Entwicklung zu Gunsten gegenwärtiger und künftiger Generationen«,[132] und 2009 im *UNESCO World Report*:

»From the standpoint of sustainable development, the tangible and intangible expressions of cultural heritage – as markers of cultural identity and tokens of cultural diversity – are the cornerstone in the construction of a more harmonious, polyphonic and pluralistic world.«[133]

Es wird in der Zukunft keine auch nur halbwegs gelingenden Gesellschaften geben, in denen das kulturelle Gedächtnis nicht einerseits durch die Geisteswissenschaften und die Gedächtnisinstitutionen wie Archive, Bibliotheken und Museen rational bearbeitet und andererseits durch die Künste kreativ weiterentwickelt wird.

Es geht nicht nur darum, ein Bewusstsein für den ökologischen Sinn des mit dem Schlagwort Nachhaltigkeit Gemeinten zu schaffen, etwa nachhaltig zu bauen, sondern die Struktur der Nachhaltigkeit in den verschiedenen gesellschaftlichen, kulturellen und wissenschaftlichen Institutionen so zur Geltung zu bringen, dass diese den Zusammenhang mit dem alle verbindenden übergeordneten Ziel und ihren jeweiligen Eigensinn behalten.

Während nachhaltig nur auf Zukunft zu orientieren scheint, ist im Konzept der nachhaltigen Entwicklung eine doppelte Struktur wirksam:

1. für die Menschen der Gegenwart,
2. für die Menschen der Zukunft.

Beiden soll gleichermaßen Genüge getan werden, und zwar in einer Verbindung und nicht bloß parallel. Lässt sich das auf die Neuphilologien übertragen? In den Neuphilologien geht es um die Arbeit an literarischen Texten und – je nach methodischer Einstellung – gegebenenfalls an weiteren kulturellen Texten und Kontexten in je verschiedenen Sprachen. Legt man die zeitliche Doppelstruktur des oben skizzierten Konzeptes von Nachhaltigkeit zugrunde, dann erfolgt die neuphilologische Realisierung des Konzeptes in verschiedenen Segmenten:

1. Mit interpretatorisch-hermeneutischer Arbeit werden Texte einer Sprache, kulturelle Kontexte u.a. der Vergangenheit bis zur Gegenwartsliteratur *für die Gegenwart* in Forschung und Lehre erschlossen und in die Öffentlichkeit vermittelt (›Populärwissenschaft‹ und Praxisbezug), mit dem jeweils zur Verfügung stehenden, sich seinerseits entwickelnden methodischen und begrifflichen Inventar; für die Menschen der Gegenwart und also immer wieder neu, in einer fortwährenden Arbeit am Sinn. Das heißt nicht, dass diese Interpretationen, Biographien, Lite-

raturgeschichten nicht in die Zukunft wirken können.[134]

2. In der Editionsphilologie als Grundlagenwissenschaft werden Texte *für lange Zeiten* verfügbar gemacht. Die großen Projekte, die historisch-kritischen Ausgaben zielen von vornherein darauf, mindestens für die nächste Generation nützlich zu sein. Das gilt für Werke und Briefe, Tagebücher, Umkreismaterialien. Beispiele langer Haltbarkeit gibt es für große Dichter ebenso wie für poetae minores: einerseits die Weimarer Sophienausgabe für Goethe und andererseits z.B. die Edition der Werke und Briefe Ewald von Kleists durch den Prager Germanisten August Sauer (3 Bände, 1881/82), die bis heute unverzichtbar ist.

In dieser binären Darstellung gehen nicht alle neuphilologischen Arbeiten auf. Es gibt wie auch in anderen Anwendungsbereichen von Nachhaltigkeit fließende Übergänge, eine Zwischenzone, die von unserem ersten Aspekt ausgehend sich auf den zweiten zu bewegen kann, etwa literaturgeschichtliche Darstellungen und Handbücher, obschon ich sie zunächst der Gegenwart zurechnen würde, und es gibt eine literaturtheoretische Reflexion, deren Nachhaltigkeit nicht geplant werden kann.

Der Vorteil, den die Anwendung des Paradigmas Nachhaltigkeit mit der doppelten Struktur ›Arbeit für die Gegenwart‹ und ›Arbeit für die fernere Zukunft‹ und der Übergangszone der nahen Zukunft bietet, ist, dass er in den Geistes- und mehreren Naturwissenschaften, auch den Ingenieurwissenschaften, und anderen Feldern der Gesellschaft als Leitbegriff verwendet werden kann. Er hat die Potenz, mehrere Fakultäten, viele wissenschaftliche Disziplinen und verschiedene Sektoren von Politik und Gesellschaft zu verbinden.[135] Er muss allerdings in den verschiedenen Fakultäten und außerwissenschaftlichen Diskursen und Institutionen spezifiziert werden.

In dem Band *Geisteswissenschaften heute* (1991) kommt der Brundtland-Bericht, unter dem Titel *Our Common Future* immerhin bereits 1987 in einem wichtigen Wissenschaftsverlag veröffentlicht,[136] nicht vor. Dabei lag diesem Band ein von 1987 bis 1990 durchgeführtes Forschungsprojekt zugrunde, in dem »fachübergreifend [...] die Untersuchung von umfassenden Problemfeldern, die für die Legitimation und die zukünftige Rolle der geisteswissenschaftlichen Forschung aus wissenschaftshistorischer, wissenschaftssystematischer und wissenschaftstheoretischer Perspektive von besonderem Belang sind,«[137] im Focus stand. Jürgen Mittelstraß hatte dabei in der Erörterung von C.P. Snow auf das Ziel hingewiesen, »daß Natur- und Geisteswissenschaften beide Welten [Thermodynamik und Shakespeare] wieder als Ausdruck einer Kultur begreifen lernen«.[138] Kultur ist u.a. »der Inbegriff aller menschlichen Arbeit und Lebensformen«[139] – und die Neuphilologien befassen sich mit den in Sprache generierten Ausdrucksformen dieser Lebensformen, denen nach dem Verständnis der UNESCO ein besonderes Gewicht zukommt, woraus besondere Verpflichtungen entspringen.[140] Und hier lässt sich an den Brundtland-Bericht und seine Folgen für die Gestaltung der Welt anknüpfen.

Das Prinzip Nachhaltigkeit hilft darüber hinaus, Hierarchisierungen zwischen Fakultäten und Disziplinen zu vermeiden. Im Begriff der Kompensationswissenschaften für die Geisteswissenschaften schwang seinerzeit, um 1990, ein ›Vorsprung‹ der Natur- und der technologischen Wissenschaften mit, im Begriff der ›Orientierungswissenschaften‹[141] aber eine Leitfunktion für alle Wissenschaften, welche die Geisteswissenschaften möglicherweise überfordert hätte oder anderen Fakultäten als anmaßend erschienen wäre.

Das Paradigma Nachhaltigkeit hat den Vorteil, einerseits das allen Wissenschaften Gemeinsame in die doppelte Zeitstruktur von Gegenwartsbezug und reflektierter Zukunftsorientierung stellen und zu einer rationalen Fundierung globaler Planung beitragen zu können, aber andererseits hinreichend spezifizierbar zu sein, um der Eigensinnigkeit der verschiedenen Diskurse gerecht zu werden. Sie kann als Leitfigur bei der Formulierung von Zielsetzungen auf dem Weg zu der »einen« Welt dienen, einer Welt, deren biologische und kulturelle Vielfalt geschützt, gepflegt und gefördert werden muss.

Hans Ulrich Gumbrecht hat einmal die Vergangenheitsorientierung der heutigen Philologen beklagt: »In der Gegenwart des frühen einundzwanzigsten Jahrhunderts [...] jedoch haben wir Geisteswissenschaftler [...] es fast vollständig aufgegeben, uns durch Vorwegnahme der Zukunft um eine Überwindung der Schwelle des Todes zu bemühen. Was uns fasziniert, ist vielmehr das ›Reden mit den Toten‹, um Stephen Greenblatt [...] zu zitieren«.[142] Dieser

Faszination stehen das Nachhaltigkeitspotenzial der Philologien und in diesem Potenzial ihr Interesse gegenüber, zu und mit den Menschen der Gegenwart, den Studierenden, den Kolleginnen und Kollegen zu sprechen sowie mit der Öffentlichkeit zu kommunizieren und für die Menschen der Zukunft Kärrnerarbeit zu leisten, in den Historisch-kritischen Ausgaben, den großen Studienausgaben und verwandten Unternehmungen, auch in der Kooperation mit den Gedächtnisinstitutionen. Dieses doppelte Ziel vor Augen überschreiten die Philologien die Schwelle zur Zukunft.

6 EINIGE FOLGERUNGEN

6.1 Ein knappes Resümee: Vielfalt und Nachhaltigkeit

Der Blick von außen, hier in einer Perspektive der UNESCO, wie ich sie aus grundlegenden Texten dieser Weltorganisation entwickelt habe, stärkt die Neuphilologien, auch die Vergleichende Literaturwissenschaft, indem es ihnen eine gemeinsame Diskursgrundlage bereitstellt. Im Allgemeinen arbeitet sonst jede für sich an ihrer Begründung und Legitimation, und das weltweit. Es gehört zu den Vorteilen dieser Leitbegriffe, dass sie einerseits an politische, gesellschaftliche und wissenschaftliche Diskurse anknüpfen, die von nachweisbarer globaler Relevanz sind, und andererseits eine schwierige, in sich spannungsreiche Konstellation im Verständnis der sprachlichen geprägten Kulturen positiv aufnehmen. In dieser Konstellation konkurriert die Idee der Vielfalt nationaler Differenzierungen von Kultur mit der Idee einer universellen Vernunft. Für die erste kann Herder, für die zweite kann

Kant auch in Zukunft als Stichwortgeber dienen. Beides kann so verbunden werden.

Die Anschlussfähigkeit zu anderen wissenschaftlichen und gesellschaftlichen Sektoren, der große, aber in vielen Fragen, die bis in unseren Alltag hineinreichen, bereits konkret bearbeitete Rahmen der »einen« Welt bietet den Philologien neue Begründungen und neue Aufgaben, deren Lösungen und deren Weiterentwicklungen die Vision der »einen« Welt vielfältiger leuchten lassen können.

»Geisteswissenschaftliche Theorien sind auf eine vertrackte Art rückgekoppelt mit den Selbstverständlichkeiten und Selbstdeutungen, mit den Grundbegriffen und Deutungsmustern ihrer Epoche.«[143] Karl Stackmann sieht eine besondere Notwendigkeit der Germanistik, »sich mit den in der Gegenwart hervortretenden Interessen an diesem Gegenstand [Literatur] auseinanderzusetzen.«[144] Das böte eine Erklärung, warum der hermeneutisch-interpretatorische Teil der Neuphilologien so relevant ist. Die Struktur der Nachhaltigkeit in ihrer doppelten Perspektive auf Gegenwart und Zukunft bringt beides zusammen. Stackmann fährt fort: »Sie [die Deutsche Philologie] kann sich daher nicht aus der allgemeinen Krise der Geisteswissenschaften heraushalten. In dieser Lage sollte sie sich darauf besinnen, daß die Philologie – das Wort jetzt als Sammelbezeichnung für die verschiedenen Einzelphilologien gebraucht – immer eine Wertwissenschaft gewesen ist. Es käme darauf an, verständlich zu machen, daß sie auch unter den völlig veränderten Umständen der Gegenwart noch Sachwalterin allgemein verbindlicher Werte ist.[145] Die bloße Berufung auf die Existenz einer Nationalliteratur reicht heute nicht mehr aus, um die Existenz einer Philologie zu rechtfertigen«. Aus dieser apologetischen Grundhaltung sollten die Neuphilologien heraustreten. Nach den zitierten UNESCO-Konventionen und -Programmen besteht die Pflicht, die Vielfalt kultureller Ausdrucksformen, die sprachliche Vielfalt und das kulturelle Erbe samt seinen materiellen und immateriellen Trägern zu sichern, zu fördern und zu vermitteln. Den Neuphilologien kommt dabei eine herausragende Bedeutung zu. Über diese Pflicht hinaus besteht für alle Wissenschaften unter diesen Zielvorstellungen und Leitbegriffen, welche durch die Weltorganisationen politisch allgemein und vielfach konsensfähig gemacht worden sind, die Chance, zu einer rationalen Gestaltung der Welt in einer gemeinsamen Bewegung beizutragen, ohne ihren diskursiven und disziplinären Eigensinn zu vernachlässigen. Es geht zwar um die »eine« Welt, aber deren Wert besteht eben gerade in der Vielfalt der Lebensformen und der kulturellen Ausdrucksformen. Die Neuphilologen sollten sich daher nicht am Fluchtpunkt einer einheitlichen Weltliteratur orientieren. Ihrer Aufgabe werden sie vielmehr gerecht, indem sie sich der Vielfalt und der Nachhaltigkeit ihrer Gegenstände und ihrer Erforschung in verschieden großen Räumen annehmen, darunter ebenso weltregionale (z.B. Europa), bi- und multilaterale und nationale wie regionale und lokale, hier z.B. durch die Beteiligung an der Literatur- und Kulturgeschichtsschreibung von Stadt und Land und an ihrem literarischen Leben.

Vielfalt und Nachhaltigkeit lassen sich auch auf die Kategorien von Raum und Zeit beziehen und damit korrelierend auf die Forderungen nach intragenerationeller und nach intergenerationeller Gerechtigkeit. Der temporale Aspekt von Nachhaltigkeit ist offensichtlich. Vielfalt bezieht sich hier auf die Vielfalt der Sprachen und Literaturen. Obwohl diese nicht zwingend an einen

Ort oder eine Weltregion gebunden sind und mit ihren Sprecherinnen und Sprechern, Autorinnen und Autoren migrieren können, hängen sie in der Lebenswelt doch stark mit einer regionalen Fundierung zusammen, in der Wirklichkeit von Kultur- und Sprachgemeinschaften, unter Aspekten der Bildungs-, Kultur- und Wissenschaftspolitik. Die Förderung der Vielfalt der Sprachen und Literaturen zielt auf die Gleichberechtigung aller Sprecherinnen und Sprecher in allen Räumen, ›areas‹, Regionen der Welt. In ihr kommt die Forderung nach intragenerationeller Gerechtigkeit unter sozialen und kulturellen Aspekten zur Geltung.
Zum Schluss möchte ich auf einige wenige, aus einem reichhaltigen Aufgabenfeld ausgewählte Aspekte kleineren Umfanges eingehen, da mir sehr an der Frage liegt: Was kann dies konkret bedeuten?

6.2 Dialog und Reziprozität

Das Prinzip der Dialogizität erhält aus der Arbeit und den Publikationen der UNESCO Unterstützung. Das *Übereinkommen über Schutz und Förderung der Vielfalt kultureller Ausdrucksformen* hatte unter seine Ziele aufgenommen: »c) den

Dialog zwischen den Kulturen anzuregen, um weltweit einen breiteren und ausgewogeneren kulturellen Austausch zur Förderung der gegenseitigen Achtung der Kulturen und einer Kultur des Friedens zu gewährleisten; d) die Interkulturalität zu fördern, um die kulturelle Interaktion im Geist des Brückenbaus zwischen den Völkern weiterzuentwickeln«.[146] Der *UNESCO World Report* (2009) differenziert das Verhältnis zwischen Differenz und Gemeinsamkeit im interkulturellen Dialog: »To be effective, intercultural dialogue must free itself of the concept of exclusive and fixed identities and embrace a worldview predicated on pluralism and multiple affiliations. It is not enough simply to acknowledge our differences: genuine dialogue presupposes a reciprocal effort to identify and inhabit a common ground on which encounter can take place.«[147]

Dieses Prinzip kommt z. B. in der Interkulturellen Germanistik[148] im Ansatz zur Geltung. Die Differenz kultureller Perspektiven in Betrachtung des Gemeinsamen zeigt sich im Verhältnis zwischen (Inlands-)Germanistik und Auslandsgermanistik, in den verschiedenen Voraussetzungen der Lehrenden und Studierenden und ihren kulturellen Kontexten. Die Germanistik in Polen wird von Grucza und Honsza eine »kulturspezifische Fremdsprachenphilologie«[149] genannt. Hinrich C. Seeba weist darauf hin, dass in der sprachlichen Differenz von Studierenden der Germanistik in den USA auch kulturelle Differenz erfahren wird.[150] In der Interkulturellen Germanistik müssen je verschiedene nationale Forschungs- und Lehrtraditionen berücksichtigt und in ein sich ergänzendes, kooperatives Gespräch gebracht werden, das ohne Elemente von Gemeinsamkeit nicht erfolgreich sein kann.

Und das gilt für die Einzelphilologien wie für die Komparatistik. Peter V. Zima betont die je eigenen kulturellen Voraussetzungen der Geisteswissenschaften, auch der Komparatistik, nicht nur, aber auch aufgrund der Bindung an natürliche Sprachen und die damit interagierenden »Soziolekte« der Wissenschaftssprachen. Das fügt der Notwendigkeit zum Dialog einen weiteren Aspekt hinzu. Über diese Voraussetzungen müssen sich diese Fächer aufklären: »Auch komparatistische Theorien sind [...] kulturspezifisch; auch sie sind an sprachliche [und andere, muss man hinzufügen,] Situationen gebunden, die von Land zu Land verschieden sind und noch am ehesten als Momente oder synekdochische Resümees von besonderen Diskussionen zu verstehen sind«.[151] Zima empfiehlt schon allein aufgrund der Sprach- und Kulturgebundenheit geisteswissenschaftlicher Theorien und Methoden den Dialog als Mittel zum gegenseitigen Verständnis und für den Austausch. Er bestimmt Komparatistik als »interkulturelle (zwischensprachliche) Literaturwissenschaft«.[152]

Reziprozität sollte allgemein im Wissenschafts- und Kulturaustausch eine größere Rolle einnehmen. Asymmetrien und Machtverhältnisse spielen in der gegenseitigen Wahrnehmung der Kulturen eine zu große Rolle. Es geht um gegenseitige Anerkennung, mindestens um Respekt. Viel mehr, als dass es nur den Finger in eine von ihm angenommene imperialistische Wunde westlicher Wissenschaft legen will, zielt Edward Saids Werk[153] auf den Dialog ab. Sicher schwingt in seinen Arbeiten eine tiefsitzende Kränkung als Vertreter einer in seinen Augen vom ›Westen‹ grundlegend missachteten oder gar verachteten Kultur mit. Es geht ihm aber m. E. nicht darum zu behaupten, dass wissenschaftlich fundierte Aussagen über eine andere Kultur nicht möglich sind, sondern dass das Selbstverständnis der

anderen Kultur und ihrer Träger zumindest zur Kenntnis genommen, besser noch im Gespräch erörtert würde – und umgekehrt. Er will vor allem, dass auch die Stimme derer gehört wird, über die man spricht. Zumindest aber sind Offenheit für die andere Kultur, mit der man sich beschäftigt, und Interesse für andere Sprachen wichtig. Beides findet er in Auerbachs *Philologie der Weltliteratur*. Es sollte bei allen Philologinnen und Philologen zu finden sein: »Positive knowledge of languages and history was necessary. [...] And this creative making of a place for works that are otherwise alien and distant is the most important facet of the interpreter's philological mission.«[154]
Diese Prinzipien von Offenheit und Interesse sollten in der Begegnung von Wissenschaftlern und Studierenden verschiedener Sprachen und Kulturen möglichst gegenseitig gelten, nicht nur in der bilateralen Begegnung, sondern auch in komplexeren Formen des Austausches. Es wäre in Projekten und Programmen des Austausches immer wieder zu institutionalisieren, wie es etwa in gemeinsamen grenzüberschreitenden Schulbuchkommissionen der Fall ist. Das muss nicht nur auf die Kooperation zwischen Nach-

barn beschränkt bleiben. Formen und Inhalte solcher Projekte können innovativ gestaltet werden.

Diese Aufgabe für die Philologien, sich stärker auf das kulturelle Gegenüber einzulassen, strahlt auf die Inhalte der beiden folgenden Abschnitte aus.

6.3 Editionsphilologie + Komparatistik = neue Kommentare

Der Kommentar als wissenschaftliche Textsorte bildet einen Übergang zwischen Philologie in einem engen Sinn und Interpretation/Hermeneutik. Die fachliche Reflexion der wissenschaftlichen Form »Kommentar« blendet die Frage nach der Zielgruppe weitgehend aus. In der Phase der Belebung der germanistischen Diskussion um den wissenschaftlichen Kommentar, in den frühen siebziger Jahren des 20. Jahrhunderts, wurde sie zwar gestreift, aber ihre möglichen sprachlichen oder interkulturellen Aspekte kamen nicht in den Blick. Das mag auch daran liegen, dass der germanistische Fachkommentator seine Zielgruppe intuitiv als ausschließlich deutschsprachig wahrnahm und allenfalls und eher am Rande vor allem unter bildungssoziologischen Aspekten innerhalb dieser Zielgruppe differenzierte.[155] Das ist im Wesentlichen so geblieben.[156]

Auch in das aktuelle *Reallexikon der deutschen Literaturwissenschaft*,[157] das Kommentar wie folgt bestimmt: »Memorativer, [...] im engeren Sinne auch aufschließender (auslegender) Text zu öffentlichem und privatem Gebrauch«; »Erläuterungen [...], die einen Text für das Gedächtnis aufbereiten oder in seiner Sinnstruktur erklären«, ist der Aspekt der erwarteten Rezeption, der Zielgruppen des Kommentars kaum eingegangen. Zwar wird in einem historischen Teil dieses Handbuchartikels festgestellt, der Kommentar könne kulturübergreifend den Text ›anpassen‹, was z. B. in christlichen Kommentaren zu heidnischen Autoren der Fall gewesen sei, aber dieser interkulturelle Aspekt wird dann nicht weiterverfolgt. Und auch Norbert Oellers geht in seinem Artikel »Kommentar 2« im *Reallexikon* weder auf die Frage nach der Zielgruppe noch auf etwaige kulturspezifische Aspekte des Kommentars ein. Er verfehlt dabei den internationalen Aspekt dieser Frage knapp, wenn er die Zunahme der Kommentare in deutschen Editionen »seit den 1870er Jahren« als »Bestandteile halbwissenschaftlicher Ausgaben« in einem internationalen Zusammenhang sieht, »vielleicht nach dem Muster der engl. ›Annotated editions‹, die vor allem für die Shakespeare-Philologie von Bedeutung waren«.[158]

Jürgen Fohrmann nähert sich dem Kommentar von der Produktionsseite: »Das Foucaultsche ›Wer spricht?‹ bildet so den wichtigsten Ausgangspunkt der Analyse«.[159] Gemeint ist: Wer, der Philosoph oder der Philologe?

Aber warum nicht fragen: Zu wem spricht der Kommentar?[160] Diese Frage wird im hier skizzierten Rahmen dringlicher. Im internationalen Kontext und Austausch werden die Neuphilologen durch die Frage nach dem Kommentar zu weiterer Selbstreflexion im Verhältnis von Identität und Alterität angeregt.

Einen komparativen Ansatz bei der Analyse von Kommentaren wählte z.B. John B. Henderson 1991.[161] In seiner Untersuchung von Kanon und Kommentar in der vormodernen Geistesgeschichte Chinas zieht er vergleichend die Kontexte von Kommentaren in verschiedenen Kulturen heran, der jüdischen, der griechischen Antike, der hinduistischen, der christlichen – und macht in ihnen vergleichbare Grundannahmen und Strategien, aber auch verschiedene Geschichten aus. Im Kern an Kommentaren der vormodernen Zeit interessiert, sieht er ihr Weiterwirken in transformierter Form bis in die wissenschaftlichen Kommentare des 20. Jahrhunderts. Dieser Ansatz, Kommentare auch in ihrer historischen Dimension und im Kulturvergleich zu betrachten, kann auf heutige wissenschaftliche Kommentare übertragen werden. Sieht man die Aufgaben der Philologien in Bezug auf die Funktionen für vielfältige Zielgruppen, ergeben sich neue Perspektiven. Zwar bleiben Aufgaben innerhalb der eigenen Sprachgemeinschaft, und diese liegen dichter bei der traditionellen Orientierung an der je eigenen Sprache und dem angenommenen Bildungshorizont ihrer Sprecherinnen und Sprecher. Andererseits sollten auch hier, bei germanistischen Editionen, argumentativ und praktisch unterstützt durch die Interkulturelle Germanistik, sinnvollerweise dialogisch ebenso die ›Außenansichten‹ in die Kommentare einbezogen werden. Zudem können an solchen Projekten ausländische Kolleginnen und Kollegen beteiligt sein.

Nimmt man als – dann weiter zu differenzierende – Zielgruppe einmal Menschen anderer

Kulturen an, die nicht germanistisch gebildet sind, stellen sich, will man z.B. ihren Erwartungshorizont berücksichtigen, ganz andere Anforderungen an den Kommentar. Man spiele einmal die Idee durch, einen Kommentar etwa auf dem Niveau einer Studienausgabe zu entwickeln, die sich an Leserinnen und Leser in allen oder auch nur mehreren Weltregionen und Kulturen richtet.[162] Sogleich würde die Verbindung wissenschaftlichen Edierens und der Komparatistik als neues Forschungsfeld erprobt. Da die Zielgruppen auch wissenschaftlicher Editionen (Historisch-kritische Editionen, Studienausgaben, Leseausgaben) Anlage und Durchführung ihrer Kommentare beeinflussen, dürfte sich das ideelle Weltpublikum (oder auch das einer anderen Weltregion oder auch nur einer einzelnen Nachbarkultur) oder auch die Zielgruppe einer kulturellen Minderheit innerhalb eines Staates auf solche Kommentare auswirken.

An dieser Stelle käme die Komparatistik ins Spiel. Editionsphilologie und Komparatistik müssten hier eine neuartige Verbindung eingehen, um die Möglichkeit (oder Unmöglichkeit) solcher Kommentare zu erweisen und an praktischen Beispielen zu erproben. Interdisziplinarität und Mehrsprachigkeit oder die dialogische Kooperation mit anderen Sprachräumen tragen zur Veränderung des Kommentars bei. In der Interaktion differenter Forschungskontexte und differenter kultureller Kontexte würden die Kommentare allein schon eine andere Auswahl der herangezogenen Sekundärliteratur und zur vergleichenden Charakterisierung von Texten auch von anderer Primärliteratur erfordern.

Hinzu kommt die Einwirkung des Mediums. Indem zunehmend literarische Texte und Kommentare ins Internet gestellt werden, verändern sich die Kontexte von Forschung und Vermittlung zusätzlich. Das gilt für die Textdarbietung der Editionen ebenso wie für die Kommentare. Die neuen Technologien können eine Veränderung der Kommentarpraxis bewirken: Das hatte Wolfgang Frühwald, an Gerhard Seidel anschließend, schon 1972, damals noch nicht auf das Internet bezogen, festgehalten.[163] Der Kommentar im Internet kann mit Quellen, anderen Kommentaren, anderen Werken und Objekten verschiedener Art verlinken. Die weitere Entwicklung und die Auswirkungen auf Forschung und Lehre sind noch nicht absehbar. Es dürfte jedoch zu Folgen nicht nur für die Textpräsentation, sondern auch für die Kommentare kommen, für die Geschwindigkeit ihrer Veränderung, die Interdisziplinarität ihrer Kontexte und ihrer Nutzer und damit für eine Rückkoppelung auf ihre Inhalte, für die Internationalität ihrer Vermittlung und unter dem Aspekt der Berücksichtigung von Zielgruppen und deren Erwartungshorizonte für eine Veränderung des Kommentarbedürftigen und auch damit der Inhalte. Und zugleich könnten sich die Formen der Kommentare ändern. Man sehe dazu auch den Anhang dieser Schrift. Und in welcher Sprache sollen denn der edierte Text und der Kommentar dieser Ausgaben (Druck und Internet) veröffentlicht werden? Damit komme ich zu einem umfassenden philologischen Aufgabenfeld, in dem auch Kommentarfragen eine Rolle spielen.

6.4 Übersetzungsphilologie restituiert die Einheit einer umfassenden Philologie

Die bereits in Kapitel 4 vorgestellte Trias der Sprachenpolitik der UNESCO umfasst die Förderung von sprachlicher Vielfalt, Mehrsprachigkeit und Übersetzung: »There is a need to both preserve global linguistic diversity as a prerequisite for cultural diversity and to promote multilingualism and translation in order to foster intercultural dialogue.«[164] Den Neuphilologien kommt für alle drei Punkte besondere Bedeutung zu. Am komplexesten ist ihre Aufgabe im Bereich der Übersetzungen. Das Problem gerade literarischer Übersetzungen gehört zu den schwierigsten Problemen der Literaturwissenschaft. An ihm arbeitet ein Ensemble von Literatur- und Sprachwissenschaften, Landeskunde, Übersetzungswissenschaft, Sprach- und Erkenntnistheorie in immer neuen Konstellationen.

Die Bedeutung der Übersetzung zeigt sich ebenso wie ihre Komplexität in einem weltweiten Aufschwung der Übersetzungswissenschaft, auch Translationswissenschaft[165] genannt, und entsprechender Studiengänge und Fachinstitutionen, und einer Zunahme von übersetzungstheoretischen und -analytischen Arbeiten in der Komparatistik. Die politischen Aspekte der Übersetzungen sind in den letzten zwanzig Jahren neben den literarischen, sprachlichen und kulturellen stärker in den Blick gekommen. Die UNESCO will das produktiv machen: »Given that translation plays an important role in the promotion of cultural diversity, there is a case for the development of a *translation policy* [meine

Hervorhebung] on a global scale, with an emphasis where possible on *reciprocity*«.[166] Die hier vorgeschlagene Reziprozität der Übersetzungen soll u. a. die Dominanz einzelner Sprachen mindern und einem kooperativen Austausch Platz machen.

Die Kooperation findet nicht nur zwischen Fachleuten verschiedener Sprachen statt, sondern auch im variablen Zusammenspiel verschiedener Neuphilologien. Fassen wir sie unter dem Begriff ›Übersetzungsphilologie‹ zusammen. Diese Übersetzungsphilologie wird neben übersetzungstheoretischen Einsichten auch die Erkenntnisse der Einzelphilologien heranziehen und die jeweils erforderlichen fachlichen und interdisziplinären Kontexte. Dabei kommt sie der umfassenden Form der Philologie, die Kenntnisse der Sprache, der Literatur und der Kultur verbindet, heute am nächsten. Selbst wenn diese Übersetzungsphilologie unter dem Dach der Komparatistik angesiedelt wäre, wo innerhalb der Philologien die besten übersetzungstheoretischen Kenntnisse vorhanden sind, kann sie nicht ohne die gleichberechtigte Beteiligung der Einzelphilologien auskommen. In der Analyse und Kommentierung von literarischen

Übersetzungen kommt der Zusammenhang von Sprache und Literatur, das, was Philologie ihrer Tradition nach ausmachte und ausmacht, zur Geltung.[167] Sie setzt sprachwissenschaftliche Kenntnisse voraus, Kenntnisse der Sprachgeschichte, der Regio- und Soziolekte und der Literatursprache(n). Die Übersetzungsanalyse muss sich der Wortbedeutungen, der Funktion von Klängen, von einzelnen ebenso wie von suprasegmentalen Phonemen, annehmen, und ihre Äquivalenzen und Differenzen bestimmen. Literarische Interpretation und Analyse der sprachlichen Verfasstheit greifen ineinander. Und sie wird noch mehr als früher die kulturellen, politischen und mentalen Kontexte beider Seiten mitbedenken. Es ist die Klammer der Begegnung zweier oder mehrerer Sprachen und Kulturen, welche die in Sprach- und Literaturwissenschaft ausdifferenzierten Neuphilologien in der Übersetzungsphilologie wieder zur Einheit zusammenfügt und auch das einbeziehen muss, was früher einmal Landeskunde hieß, nun aber um Mentalität, Kultur und auch Religion kreisen wird.[168] Auch weil Deutsch global gesehen die Hauptzielsprache für Übersetzungen ist, kann im deutschen Sprachraum auf einen reichhaltigen Fundus von Erfahrungen und Forschungen zurückgegriffen werden.

Neben die Analyse von Übersetzungen historischer Texte, welche die Geschichte des Kulturtransfers der beteiligten Kulturräume einschließen kann, tritt die Mitwirkung in wissenschaftlich fundierten Übersetzungsprojekten, etwa im Rahmen zweisprachiger Ausgaben.[169] Bei ihnen kann es sich um die Edition einzelner Werke, um eine Auswahl wichtiger Werke oder um Anthologien handeln. Die Beteiligung von Wissenschaftlern sollte, obgleich es keinen Königsweg zur guten Übersetzung gibt, weniger durch eigene ›wissenschaftliche‹ Übersetzungen erfolgen, sondern eher durch die kritische Sichtung bestehender Übersetzungen oder durch die Mitwirkung an Interlinearversionen. Die Kooperation mit professionellen Übersetzern schlägt eine weitere Brücke zur kulturellen Praxis.

Die Herausgeberschaft kann beide Sprachräume berücksichtigen und die Editionsrichtlinien und Kommentarprinzipien beide Sprach- und Kulturräume und ihren historischen Kulturtransfer einbeziehen. In solchen Editionsprojekten (und ähnlich in Forschungen zum Literatur- und Kulturtransfer anhand historischer Übersetzungen) stoßen die Überlegungen der beiden vorigen Abschnitte (6.2, 6.3) zur Dialogizität und zum interkulturellen Kommentar auf ein Feld praktischer wissenschaftlicher Anwendungen, das im Zuge weiterer weltweiter Begegnung und Vernetzung an Bedeutung gewinnen dürfte, Bedeutung für den grenzüberschreitenden wissenschaftlichen, kulturellen und politischen Dialog, der dann und wann in ein mehr denn bilaterales Gespräch übergeht. Auf diesem Feld, auf dem sie eine herausragende Kompetenz besitzen, sollten die Neuphilologien noch aktiver werden und neue internationale Projekte initiieren, auch in Kooperation mit den Übersetzern und ihren Einrichtungen. Ein Gewinn steht nicht nur für diese Aspekte wissenschaftlicher und kultureller Praxisbezüge, sondern zudem für die Theorien des Kommentars und der Übersetzung zu erwarten.

Da Übersetzungen im günstigen Fall guter kreativer Lösungen auch die Zielsprache bereichern, sind sie nicht nur ein Mittel des interkulturellen Dialogs, sondern tragen zur Pflege der Vielfalt der Sprachen und der kulturellen Ausdrucksformen bei. Hier in Dresden hat viele Jahre Ludwig Tieck gelebt, der unter anderem ein herausragender Vermittler fremdsprachiger Literatur nach Deutschland war. Allein schon als Mitherausgeber des Schlegel-Tieckschen Shakespeare erwarb er sich bleibende Verdienste um die nach der Lutherbibel wichtigste Übersetzung ins Deutsche.[170]

In diese Überlegungen sind Sprachen und Literaturen von Minderheiten einzubeziehen (siehe Kap. 6.5) und also interkulturelle Übersetzungsprojekte innerhalb der Grenzen eines Staates.

Und zu berücksichtigen sind geistes- und sozialwissenschaftliche Werke (siehe Kap. 6.5). Wie tief kulturelle Differenz selbst in die wissenschaftliche Übersetzung und die Übersetzung wissenschaftlicher Werke eingehen kann, zeigt Saids Bemerkung im Nachwort (1995) zu *Orientalism* über die Übersetzung dieses Buches ins Arabische: »The main achievement of Abu Deeb's painstaking translation was an almost total avoidance of Arabized Western expressions; technical words like *discourse*, *simulacrum*, *paradigm*, or *code* were rendered from within the classical rhetoric of the Arab tradition. His idea was to place my work inside one fully formed tradition, as if it were addressing another from a perspective of cultural adequacy and equality.«[171] Hier wird man in verschiedenen Kontexten zu verschiedenen Lösungen kommen.

Schon die Filmsynchronisation hat neue Aufgaben für die Philologien gebracht. Neuere Informationstechnologien werden die Praxis der Übersetzungen beeinflussen.[172] Es ist weniger an automatische Übersetzungen zu denken, die im Bereich literarischer Übersetzungen auf größte Schwierigkeiten stoßen, sondern vielmehr an die Möglichkeiten, einen technikunterstützten Zugriff auf verschiedene Wörterbücher und andere Informationsquellen zu Sprache und Sprachgeschichte sowie auf literarische Kontexte von Wörtern und Ausdrücken für die Übersetzungen zu nutzen. Es gibt neue Möglichkeiten, Texte im Internet mehrsprachig, im Original und mit Übersetzungen zu präsentieren, die Übersetzungen durch Kommentare zu erschließen, zu Wörterbüchern und anderen Informationsquellen, die Bild- und anderes Anschauungsmaterial enthalten, zu verlinken, fremdsprachige Texte auch zu hören, um einen Eindruck von Ton und Rhythmus des Originals zu erhalten, und einzelne Komplexe so aufzubereiten, dass sie im Fremdsprachenunterricht genutzt werden können. Und auch dafür ist die internationale

Kooperation von Philologen, nicht nur von Informatikern erforderlich.

6.5 Europa als Kultur- und Wissenschaftsverbund: Vielfalt der Sprachen und Wissenschaftssprachen

Die Vielzahl der in Europa gesprochenen Sprachen erscheint unter pragmatischen Aspekten als Problem, das die internationale Begegnung und die Kooperation in Europa vor beträchtliche Schwierigkeiten stellt. Die Europäische Union zählt für ihre 27 Mitglieder 23 Amtssprachen, und mit der EU endet ja Europa als Kulturraum noch nicht, sondern im Osten mit dem Russischen. Verlässt man die pragmatische Dimension der Frage und wendet man die Prinzipien und Gebote zur Pflege sprachlicher und kultureller Vielfalt an, wie sie oben in Kapitel 4 aus den Empfehlungen, verbindlichen Übereinkommen und anderen grundlegenden Texten der UNESCO dargelegt wurden, ergibt sich ein viel positiveres Bild. Europa erscheint dann aus dieser Perspektive in der Anwendung und der Pflege seiner Sprachen als eine sprachliche und kulturelle Modellregion. An dieser Pflege haben die Neuphilologien einen entscheidenden Anteil.

Zu den nationalen Sprachen kommen noch die Sprachen von Minderheiten, wie etwa in Sachsen und Brandenburg die Sprache der Sorben, die hier in erheblichem Umfang gefördert wird. Hinzukommen ferner Dialekte, die sich teilweise auch der Förderung erfreuen. Für den Erhalt und erst recht für den sinnvollen Ausbau dieser Stärke Europas, der Reichhaltigkeit seiner Sprachen und kulturellen Ausdrucksformen, in diesem Fall seiner Literaturen, sind die Neuphilologien Schlüsselfaktoren.

Inwieweit lässt sich Europa überhaupt als kultureller Raum darstellen? Die Frage, ob Europa primär räumlich, kulturell, religionsgeschichtlich, wirtschaftlich oder politisch zu bestimmen ist, wird Gegenstand von Diskussionen bleiben. Auch hier dürfte der Blick auf die Perspektive der UNESCO Argumente freilegen, welche die Zielsetzungen zusätzlich begründen können. Der Begriff ›Region‹, der auch im Deutschen Gebiete sehr verschiedener Konstruktion und Größe bezeichnen kann,[173] meint bei der UNESCO (»region«) im Allgemeinen die Weltregionen: Afrika, Arabische Staaten, Asien/Pazifischer Raum, Europa/Nordamerika, Lateinamerika/Karibik. Wie sehr auch die Einteilung dieser Regionen reflexionsbedürftig erscheinen mag, so bietet sie doch die Gelegenheit, Räume, die aus geographischen, historischen, kulturellen oder ökonomischen Gründen zusammenhängen und zusammenwirken (sollten), als Zwischenschritte oder als ›Hilfsmittel‹ bei der Realisierung globaler kultureller Vielfalt aufzufassen. Europa und Nordamerika sind demnach zusammengefasst (›der Westen‹). Obgleich Europa sich in dieser Konstellation nicht auf den geographischen Raum Europa beschränkt, da z.B. Frankreich Territorien in Übersee hat und europäische Sprachen außerhalb Europas gesprochen werden, lässt sich so plausibel Europa als Kultur(teil) raum darstellen. Nicht nur die Sprachen und Literaturen Europas wären hier einzeln zu pflegen und zu fördern, nach dem Grundsatz der Förderung sprachlicher und kultureller Vielfalt, sondern auch die Mehrsprachigkeit und die Übersetzungen generell als Mittel zur Kommunikation innerhalb Europas, aber auch mit anderen Teilen der Welt. Denn nicht Abschottung ist das Ziel, sondern die vielfältige Kommunikation nach innen und nach außen. Die Vielfalt der Sprachen in Europa, der in der Summe sehr große Wissens- und Erfahrungsspeicher der Neuphilologien in Europa[174] und die technologischen Möglichkeiten eben dort ergeben ein Potenzial nicht nur der Pflege der europäischen Sprachen und Literaturen, sondern auch der Kooperation und der Entwicklung von Modellen der Kommunikation mit anderen Teilen der Welt.

Im Allgemeinen werden die kulturelle und die wissenschaftliche Zusammenarbeit in Europa von der nationalen oder subnationalen Ebene aus organisiert, vielfach auf der Grundlage binationaler Kooperation, gelegentlich im Zusammenwirken von Beteiligten aus mehreren Staaten, die dann meist Nachbarn sind.[175] In einer Variante erfolgt die internationale Zusammenarbeit in der Kooperation in Grenzregionen, also unterhalb der nationalen Ebene.[176] Förderprogramme und Projekte der Europäischen Union sind hinzugetreten.

Eine immer wieder diskutierte und in verschiedenen Formen realisierte Europäische Literaturwissenschaft wird aus der Perspektive einzelner Literaturwissenschaftler und -wissenschaftlerinnen in Angriff genommen. Dabei können grenzüberschreitende literarhistorische Fragen, Stereotypenforschung, die Pflege oder Konstruktion eines europäischen Kanons als mögliche Elemente einer europäischen Bildung zum Vorschein kommen. Der Gegenstandsbereich hat seinen Niederschlag schon in einer Reihe von Studiengängen zur Europäischen Literatur gefunden.[177] Dieses durchaus sinnvolle Vorgehen überträgt die Konstruktion einer Identität von der nationalen Ebene auf die internationale innerhalb Europas, auch hier eine Entelechie. Europa wächst von innen zusammen. Und auch hier kann der Blick von außen, aus der Perspektive der UNESCO, anregend wirken.[178]

Den Neuphilologien kommt in ihrer Doppelung von Sprach- und Kulturkompetenz[179] bei der nationalen und subnationalen Arbeit ebenso Bedeutung zu wie bei der Vernetzung und den Dialogen in Europa und von Europa mit anderen Regionen der Welt. In den Kapiteln 6.3 und 6.4 wurden mit Kommentar und Beteiligung an Übersetzungen, mehrsprachigen Ausgaben etc. schon Beispiele von Kernarbeitsbereichen der Philologien gegeben, die in Richtung auf ihre internationalen und mehrsprachigen Perspektiven entwickelt werden müssen. Obgleich es einen Zusammenhang mit der Wissenschaftsförderung der EU, den europäischen Schwerpunkten nationaler Förderungspolitik u.a. gibt, können und sollten diese Perspektiven unabhängig von Konjunkturen und Stimmungen langfristig entwickelt werden. Die Neuphilologien bilden und entwickeln ein nachhaltiges Netzwerk des Wissens. Dabei dürften europäische Zusammenschlüsse von Verbänden und anderen Institutionen der Philologien noch wichtiger werden, als sie es jetzt schon sind.

Bei der Entwicklung und Vermittlung dieses Wissens spielen die Wissenschaftssprachen eine ganz wesentliche und eigentümliche Rolle. Dietrich Harth hält fest: »Die Erinnerungsarbeit der historisch-philologisch verfahrenden Kulturwissenschaften [...] ist Teil der Kultur, die sie erklärt«.[180] Fasst man die Philologien (und andere geisteswissenschaftliche Disziplinen) und ihre Wissenschaftssprachen sowie die in ihnen verfassten Werke als Teil der Kultur auf, dann gilt die Forderung der Förderung kultureller Vielfalt auch für sie. Zugleich sind sie aber Teil eines allgemeineren, nämlich des umfassenderen, die Einzelsprachen überschreitenden Systems der Wissenschaften. Wie werden aber die Ergebnisse der Neuphilologien untereinander vermittelt, z.B. die der polnischen Polonistik mit der deutschen Germanistik? Spielen dabei die Auslandsgermanistik und die Auslandspolonistik eine Rolle? Wie sind die Chancen von Werken, die nicht auf Englisch verfasst sind, innerhalb des Verbundes englischsprachiger wissenschaftlicher Werke weltweit zur Kenntnis genommen oder zitiert zu werden? (Reicht es aus, dass, was in den Geisteswissenschaften nicht sehr häufig vorkommt, solche Werke ins Englische übersetzt werden, oder muss zugleich ein im englischen Sprachraum gut eingeführter Verlag beteiligt sein?) Werke, die nicht auf Englisch erscheinen, kommen im globalen Wissenschaftsgespräch nicht vor. Das gilt auch für diese Schrift. Auf Deutsch verfasst und damit zunächst für ein deutschsprachiges Publikum bestimmt, bewegt sie sich bei aller internationalen Orientierung vor allem innerhalb der Kontexte der deutschsprachigen Wissenschaft und Wissenschaftsgeschichte. Die ›gleiche‹ Schrift würde, auf Englisch veröffentlicht, anderer Sekundärliteratur und anderer Beispiele bzw. Perspektiven der Wissenschaftsgeschichte bedürfen und würde in anderen Argumentationskontexten agieren. Eine etwaige Übertragung ins Englische müsste, um die Intention zu wahren, nicht nur einen Teil des Textes ändern, sondern zugleich eine

Bearbeitung und Veränderung des Apparates vornehmen.[181]

Die Förderung kultureller Vielfalt muss zu einer Reflexion der Funktion, Pflege und Vermittlung der Wissenschaftssprachen kommen. Dies führt zu einer Kultur- und Wissenschaftspolitik der Wissenschaftssprachen in Europa. Hier gilt es, wissenschaftspolitische Strategien zu entwickeln. Dabei soll z.B. der Austausch mit den Philologien und anderen Geisteswissenschaften der europäischen Sprachen außerhalb Europas und der Sprachen, z.B. in Asien, systematisch mitbedacht werden. So sind die in Kapitel 6.2 bis 6.4 erörterten Fragen auch auf wissenschaftliche Werke anzuwenden.

Die systematische Förderung von Übersetzungen bzw. Bearbeitungen wissenschaftlicher Werke könnte eine Aufgabe in Europa werden, von Übersetzungen zwischen den europäischen Sprachen und ins Englische als globale Wissenschaftssprache. Vielleicht kann es zu neuen Publikationsformen kommen, sowohl im Druck wie im Internet. Die weltweite Nutzungsmöglichkeit des Internets erlaubt in der Mehrsprachigkeit einen besseren Zugriff auf das Wissen, und die europäischen Wissenschaftlerinnen und Wissenschaftler sollten mit der Pflege ihrer Wissenschaftssprachen und der besseren Vernetzung der in den verschiedenen Sprachen verfassten, potenziell für die Forschung in anderen Ländern bzw. Sprachen relevanten Arbeiten die möglichst weltweite Öffnung des Zugangs zum hier erarbeiteten und akkumulierten Wissen verbinden.

Die Perspektiven und Prinzipien der Kultur- und Wissenschaftsarbeit und -förderung in und für Europa würden sich mit der Programmatik der UNESCO und mit den durch sie von der Weltgemeinschaft festgelegten Übereinkünften und Verträgen zur Förderung sprachlicher und kultureller Vielfalt, des kulturellen Erbes und der Entwicklung der Informations- und Wissengesellschaften zur Deckung bringen lassen.

ANMERKUNGEN

1 Die am 4. Mai 2011 mit Bild- und Textprojektionen gehaltene Vorlesung wurde für den Druck in eine Schriftform gebracht.

2 Clemens Knobloch: Über die Schulung des fachgeschichtlichen Blickes: Methodenprobleme bei der Analyse des »semantischen Umbaus« in Sprach- und Literaturwissenschaft. In: Semantischer Umbau der Geisteswissenschaften nach 1933 und 1945. Hg. v. Georg Bollenbeck u. Clemens Knobloch. Heidelberg: C. Winter 2001 (= Reihe Siegen; 144), S. 203–235, hier S. 203. Ludwik Fleck: Entstehung und Entwicklung einer wissenschaftlichen Tatsache. Frankfurt a.M. 1980 [zuerst 1935].

3 Siehe Kapitel 5 und Anm. 113.

4 Für meine Argumentation ist eine etwaige Präferenz für einen der beiden Begriffe nicht bedeutsam. Bereits im 19. Jahrhundert setzte Heinrich Rickert den Begriff Kulturwissenschaften gegen den Begriff Geisteswissenschaften (s. Theodor Bodammer: Philosophie der Geisteswissenschaften. Freiburg, München: Alber 1987 [= Handbuch Philosophie, hg. v. Elisabeth Ströker u. Wolfgang Wieland], S. 15–21), den Wilhelm Dilthey auf Hegels Begriff des objektiven Geistes zurückgeführt hatte und der den »Geist der Menschen [...] nicht unabhängig von ihrer biologischen Beschaffenheit und ebensowenig ohne ihre geschichtlich-gesellschaftlichen Lebensverhältnisse [...] studieren« (S. 16) zu können meinte. Aber der Begriff Geisteswissenschaften hat sich dann für lange Zeit eingebürgert.

5 Siehe vor allem Kapitel 4.

6 In meinem Beitrag: The Sustainability of Memory: The Work of Museums for the Memory of the World. In: Culture – Memory – Identities [The Fourth UNESCO Memory of the World Conference; Warsaw, 18th–21st May 2011]. Ed. by Wojciech Fałkowski (erscheint Warschau 2012), versuche ich ein spezifisches Verständnis von Nachhaltigkeit in der Arbeit der Museen zu entfalten, so wie mutatis mutandis in diesem Beitrag für die Neuphilologien. Kultur und Wissenschaft haben ihre je eigenen Strukturen der Nachhaltigkeit, die aber sehr wohl in eine übergreifende globale Konstruktion passen und diese noch verstärken können.

7 Weitere Formen der Neuphilologien finden sich z.B. in der Interkulturellen Germanistik oder in ihrer Einbettung in kulturwissenschaftliche Studiengänge und Forschungen.

8 Man muss schon in die Nachbarfächer schauen und dann in einen Publikationsort außerhalb der Fachwissenschaften, um fündig zu werden. Der Kunsthistoriker Wolfgang Kemp veröffentlichte 2005 die

Glosse: Die UNESCO. Ein unverlangter Tätigkeitsbericht. In: Merkur 59 (2005), S. 1141–1153. Auch der gelegentlich verwunderte Ton seines Textes zeigt, wie unvertraut ihm das Thema trotz des selbstbewussten Untertitels ist.

9 Handbuch interkulturelle Germanistik. Hg. v. Alois Wierlacher u. Andrea Bogner. Stuttgart/Weimar: Metzler 2003.

10 Eine gute Übersicht bietet: UNESCO-Handbuch. Hg. v. Klaus Hüfner u. Wolfgang Reuther. Neuausgabe. Bonn: UNO-Verlag 2005.

11 Verfassung der UNESCO; zitiert nach: UNESCO-Handbuch (Anm. 10), S. 399.

12 Wohl aber ist die Poesie zu einem hervorgehobenen Thema geworden: So gibt es seit 1999 einen ›Weltpoesietag‹; s. auch Anm. 102.

13 Weltliteratur aktuell: Die DGAVL hat für ihre alle drei Jahre stattfindende Tagung 2011 das Thema »Figuren des Globalen. Weltbezug und Welterzeugung in Literatur, Kunst und Medien« gewählt. Die ACLA tagte ebenfalls 2011 in Vancouver zu dem ähnlichen Thema »World Literature/Comparative Literature«, auch sie obligatorisch von Goethe ausgehend.

14 Paulo Lemos Horta: Rez. von: Teaching World Literature. Ed. by David Damrosch (2010). In: Recherche Littéraire/Literary Research 26 (2010), S. 69.

15 Hierbei spielt wohl auch Eward W. Saids Hervorhebung von Goethes »Weltliteratur« eine Rolle. In: E. W. S.: Orientalism. London u. a.: Penguin 2003 [zuerst New York 1978]; »Afterword«1995, »Preface« 2003, »Preface«, S. xviii f.

16 Gerhard Kaiser: Einführung in die Vergleichende Literaturwissenschaft. Darmstadt: Wissenschaftliche Buchgesellschaft 1980, S. 21.

17 Handbuch Literaturwissenschaft. Gegenstände – Konzepte – Institutionen. Hg. v. Thomas Anz. 3 Bde. Stuttgart/Weimar: Metzler 2007.

18 Ebd., Bd. 3, S. 67f.; Erich Auerbach: Philologie der Weltliteratur. In: Weltliteratur. Festgabe für Fritz Strich zum 70. Geburtstag. Hg. v. Walter Muschg u. Emil Staiger. Bern: Francke 1952, S. 39–50; »der Geist« sei, so Auerbach, »nicht national«, S. 49. Auerbachs Aufsatz wird in letzter Zeit wieder häufiger zitiert (sicher mitangeregt durch Said [Anm. 15]), siehe aber auch Peter Jehle: Erich Auerbach – ein europäischer Philologe. In: Zur Geschichte und Problematik der Nationalphilologien in Europa. 150 Jahre Erste Germanistenversammlung in Frankfurt am Main (1846–1996). Hg. v. Frank Fürbeth u. a. Tübingen: Max Niemeyer 1999, S. 985–997: »Weltliteratur [...] bezieht sich nicht einfach auf das Gemeinsame und Menschliche überhaupt, sondern auf dieses als wechselseitige Befruchtung des Mannigfaltigen.« Eventuell »wird man sich an den Gedanken gewöhnen müssen, daß auf einer einheitlich organisierten Erde nur eine einzige literarische Kultur, ja selbst in vergleichsweise kurzer Zeit nur wenige literarische Sprachen, bald vielleicht nur eine, als lebend übrigbleiben. Und damit wäre der Gedanke der Weltliteratur zugleich verwirklicht und zerstört« (S. 39). Dieser Befürchtung Auerbachs (er sieht die »Standardisierung der Erdkultur als unentrinnbar« an, S. 42) gilt es im Sinne der UNESCO entgegenzuarbeiten, durch, um

es mit Auerbachs Worten zu sagen, »Erwerb einer in ihrer Vielfalt einheitlichen Vorstellung vom Menschen. Das war, seit Vico und Herder, die eigentliche Absicht der Philologie; durch diese Absicht ist sie führend geworden« (S. 41). Auerbach wollte die Mannigfaltigkeit der Kulturen erforschen: »Jedenfalls aber ist unsere philologische Heimat die Erde; die Nation kann es nicht mehr sein [...]. Gewiß ist noch immer das Kostbarste und Unentbehrlichste, was der Philologe ererbt, Sprache und Bildung seiner Nation; doch erst in der Trennung, in der Überwindung wird es wirksam. Wir müssen, unter veränderten Umständen, zurückkehren zu dem, was die vornationale mittelalterliche Bildung schon besaß: zu der Erkenntnis, daß der Geist nicht national ist« (S. 49).

19 Handbuch Literaturwissenschaft (Anm. 17), Bd. 3, S. 68.

20 Ebd., Bd. 1, S. XII.

21 Benedict Anderson: Die Erfindung der Nation. Zur Karriere eines folgenreichen Konzeptes. Frankfurt a.M./New York: Campus 1988 [Imagined Communities. Reflections on the Origin and Spread of Nationalism 1983]. Dieses Buch ist eines der meistzitierten des postkolonialen Diskurses, aber auch darüber hinaus verbreitet (s. Keya Ganguly: Temporality and Postcolonial Critique. In: Lazarus, ed. [Anm. 23], S. 162–169, hier S. 170: »Imagined Communities, by now one of the most frequently cited texts in postcolonial studies as well as in the wider fields of literary, cultural, and historical study.«) – Rolf-Ulrich Kunze: Nation und Nationalismus. Darmstadt: Wissenschaftliche Buchgesellschaft 2005 (= Kontroversen um die Geschichte), ein Einführungsband aus geschichtswissenschaftlicher Perspektive, referiert bereits neun relevante Nationalismustheorien.

22 Ernest Gellner: Nationalismus und Moderne. Hamburg: Rotbuch Verlag 1995 (Nations and Nationalism. Oxford, UK, and Cambridge, MA: Blackwell 1996 [zuerst 1983]), in der Reihe »New Perspectives on the Past«. Gellner blickt gegen Ende seines Buches in die Zukunft: Konvergenzthese: Industriegesellschaft und Kultur fallen zusammen, trotz Mehrsprachigkeit; Divergenzthese: »distinct cultures would remain as incommensurate and incompatible as they are alleged to have been among pre-industrial cultures, if not more so« (S. 119). Gellners interessante Prognose: »By and large [...] the nationalist imperative of the congruence of political unit and of culture will continue to apply. In that sense, one need not expect the age of nationalism to come to an end« (S. 121). Ebd.: »Though the old plethora of folk cultures is unlikely to survive, except in a token and cellophane-packaged form, an international plurality of sometimes fairly diverse high cultures will no doubt (happily) remain with us«. Nationalismus, so also die These, wird in weniger virulenter, sozusagen kultivierterer Form überleben.

23 Walcott wird in The Cambridge Companion to Postcolonial Literary Studies. Ed. by Neil Lazarus. Cambridge: Cambridge University Press 2004, nur zweimal erwähnt, als karibischer Nobelpreisträger (S. 13) und als Autor jenseits von »Europa and America [!]« (S. 244).

24 Siehe auch das Kapitel: The Wound of Postcolonial History: Derek

Walcott's Omeros. In: Jahan Ramazani: The Hybrid Muse. Postcolonial Poetry in English. Chicago/London: University of Chicago Press 2001, S. 49–71.

25 Vol. I, Castries 2009, S. 5–27: »In Celebration of the Provincial in the St. Lucian Arts«.

26 Ebd., S. 6.

27 »Der Kampf um nationale Souveränität in den nachkolonialen Gesellschaften ist von den Problemen der Sprachintegration und einer identitätspolitisch wirksamen Literatur nicht zu trennen«., Dietrich Harth: Nationalphilologien – Neue Philologie. In: Handbuch interkulturelle Germanistik (Anm. 9), S. 47–50, hier S. 49.

28 Logik und Systematik der Geisteswissenschaften. Bonn: Bouvier 1948, S. 5.

29 Reallexikon der deutschen Literaturwissenschaft. 3 Bde. Berlin/New York: W. de Gruyter 1997–2003. Hier Bd. III. Hg. v. Jan-Dirk Müller, S. 74.

30 Ebd., S. 75.

31 The New Encyclopædia Britannica. Vol 9. Micropædia. 15th ed. Chicago et al. 1974, Imprint 2010, S. 387.

32 Said (Anm. 15), S. 171: Durch Postmodernismus und -strukturalismus als hegemoniale Universalismen werde der Rest der Welt »a peripheral term in Europe's self-questioning«.

33 Ebd., S. xviii.

34 Ebd., S. xix. Zu Auerbach siehe oben Anm. 18.

35 Wilhelm Voßkamp: Einheit in der Differenz. Zur Situation der Literaturwissenschaft in wissenschaftshistorischer Perspektive. In: Germanistik: Diszplinäre Identität und kulturelle Leistung. Vorträge des deutschen Germanistentages 1994. Hg. v. Ludwig Jäger. Weinheim: Beltz Athenäum Verlag 1995, S. 29–45, hier S. 29. Voßkamp konzentriert sich auf »germanistische Literaturwissenschaft«. Die Disziplin sei »unter einem erhöhten Innovationsdruck und Legitimationsbedarf«.

36 Klaus Weimar: Literatur, Literaturgeschichte, Literaturwissenschaft. Zur Geschichte der Bezeichnungen für eine Wissenschaft und ihren Gegenstand. In: Zur Terminologie der Literaturwissenschaft. Akten des IX. Germanistischen Symposions der Deutschen Forschungsgemeinschaft, Würzburg 1986. Hg. v. Christian Wagenknecht. Stuttgart: Metzler 1989, S. 9–23, hier S. 9.

37 Voßkamp (Anm. 35), S. 30.

38 Hans Helmut Christmann: Romanistik und Anglistik an der deutschen Universität im 19. Jahrhundert. Ihre Herausbildung als Fächer und ihr Verhältnis zu Germanistik und klassischer Philologie. Mainz: Akademie der Wissenschaften und der Literatur. Stuttgart: Franz Steiner 1985 (= Akademie der Wissenschaften und der Literatur. Abhandlungen der Geistes- und Sozialwissenschaftlichen Klasse; Jg. 1985, 1). Siehe auch verschiedene Beiträge in dem Sammelband: Zur Geschichte und Problematik der Nationalphilologien in Europa (Anm. 18). – Zu weiteren Bestimmungen der Anglistik vgl. Berliner Anglistik in Vergangenheit und Gegenwart 1810–1985. Hg. v. Manfred Sche-

ler. Berlin: Colloquium 1987 (= Wissenschaft und Stadt; 1). Scheler spricht von »einer eigenständigen anglistischen und romanistischen Nationalphilologie an den deutschen Universitäten« (S. 9).

39 Grundriss der romanischen Philologie. Bd. 1. Zweite, verb. u. verm. Aufl. Straßburg: Karl J. Trübner 1904–1906 (Photomech. Nachdruck. Berlin/New York: W. de Gruyter 1985), S. 103. – Siehe auch: Romanistik. Eine Bonner Erfindung. Hg. v. Willi Hirdt u. a.. Teil I: Darstellung. Bonn: Bouvier Verlag 1993, S. 7 (= Academica Bonnensia; 8/I). Darin S. 321 ff.: Bonner romanistische Lehrveranstaltungen und Doktorarbeiten (1818–1916), zusammengestellt v. Barbara Jaster.

40 Siehe Jaster (Anm. 39), S. 323, erste Lehrveranstaltungen in Bonn, Wintersemester 1818/19: »Prof. Philipp STRAHL: Angek[ündigt].: ›Französische und Englische Sprache, und Russische Sprache und Literatur. Geh[alten].: Ueber den französischen Styl [...]‹, 7–9 Zuhörer. Prof. August W. von SCHLEGEL: Angek.: ›Geschichte der schönen Litteratur in Italien, Spanien, Frankreich und England‹« Diese Veranstaltung konnte Schlegel »wegen des gänzlichen Mangels an Hülfsmitteln [Büchern]« nicht halten, wie er klugerweise angibt. Bei ihm erscheint die Romania schon als Sprachfamilie. Im SS 1819 nahmen dann zwölf Zuhörer teil. Nun aber meldete sich niemand zu Strahls »Russische und französische Sprache und Literatur«. In der Praxis brach sich das bald in Abschwächung ehrgeizigerer Ankündigungen herunter auf die Besprechung einzelner Sprachen, ja Werke (Thomson, Voltaire), oder die Veranstaltungen fanden nicht statt. Jaster (Anm. 39), S. 326: »Wintersemester 1822/23, Prof. P. STRAHL: Angek.: ›Französische, englische und russische Sprache.‹ Causae quare non: ›Für lebende Sprachen herrscht kein Trieb unter den Studirenden, wie Dr. Strahl bemerkt‹.« Strahl steht aufgrund seiner Themen auch am Beginn der Slawistik an der Universität Bonn. Siehe dazu Helmut Keipert: Zur Entwicklung slavistischer Studien an der Universität Bonn. In: Materialien zur Geschichte der Slavistik in Deutschland. Teil 1. Hg. v. Hans-Bernd Harder u. a. Wiesbaden: Harrassowitz 1982, S. 45–80. In diesem Fall ging es also primär darum, Moderne Philologie im Gegensatz zur Klassischen Philologie einzurichten, aus der sich dann die Nationalphilologien als Einzelphilologien herausgelöst haben, sodass dieselbe Lehrveranstaltung als Pionierleistung verschiedener Neuphilologien gelten kann. Trotz der intensiven Rezeption Herders in osteuropäischen Ländern war die Einrichtung slawistischer Lehrstühle in Deutschland im 19. Jh. mühsam. Siehe dazu Herbert Rösel: Dokumente zur Geschichte der Slawistik in Deutschland. Teil 1: Die Universitäten Berlin und Breslau im 19. Jahrhundert. Berlin: Akademie-Verlag 1957.

41 Walter Schmitz: ›Mitteleuropa‹ und die Germanistik. Zur Eröffnung des Gründungskongresses des Mitteleuropäischen Germanistenverbandes. In: Zwischeneuropa/Mitteleuropa. Sprache und Literatur in interkultureller Konstellation. Akten des Gründungskongresses des Mitteleuropäischen Germanistenverbandes. Hg. im Auftrag des Mitteleuropäischen Germanistenverbandes v. Walter Schmitz in Verbindung mit Jürgen Joachimsthaler. Dresden: Thelem 2007 (= Ver-

öffentlichungen des Mitteleuropäischen Germanistenverbandes; 1), S. 26–33, hier S. 26. – Literaturwissenschaft. Ein Grundkurs. Hg. v. Helmut Brackert u. Jörn Stückrath. Reinbek: Rowohlt 1992. rowohlts enzyklopädie 7. Auflage 2001; siehe darin S. 700–716 das »Nachwort [der Hg.]. Zur Legitimationskrise der Literaturwissenschaft«: »Die Verfasser reflektieren speziell die Krise der deutschen Germanistik in ihrer Vergangenheit als national geprägter Wissenschaft und in ihrer gegenwärtigen Situation als geisteswissenschaftliches Fach« (S. 715, Anm. 1). »Literaturwissenschaftler haben gegenwärtig große Schwierigkeiten, im Wettbewerb mit den naturwissenschaftlich-technischen Disziplinen und ›harten‹ Humanwissenschaften ihre Existenznotwendigkeit öffentlich zu legitimieren« (S. 700). »Der Identifikation mit dem Fach steht sicherlich auch die Vergangenheit der akademischen Germanistik als nationaler Wissenschaft« (S. 702) entgegen. Das Fach stütze sich auf das »Erbe der Nationalliteratur«, das unter dem gesellschaftlichen Ansehensverlust von Literatur leide.

42 Matthias Luserke-Jaqui: Einführung in die Neuere deutsche Literaturwissenschaft. Göttingen: Vandenhoeck & Ruprecht 2002 (= UTB 2309), S. 22: die Neuere deutsche Literaturwissenschaft sei »permanentem Legitimationsdruck ausgesetzt«. Voßkamp spricht von einer »Legitimationskrise« (siehe oben Anm. 35, S. 32). – In den jüngsten Einführungen in das Fach kommt dieser Legitimationsdruck nicht mehr so häufig zur Sprache.

43 Wahrscheinlich gehört der Topos der Krise zu den Konstanten der Moderne – und so auch unserer Fächer. Er ist traditions- und konsensfähig und stiftet Identität und Gemeinschaftsgefühl.

44 Wissenschaftsgeschichte der Germanistik in Porträts. Hg. v. Christoph König, Hans-Harald Müller u. Werner Röcke. Berlin/New York: W. de Gruyter 2000. »Vorwort« der Hg., S. VI.

45 Schmitz (Anm. 41), S. 32. Hier kommen europäische Orientierung an Regionen und Regionalität der Literatur mit einem internationalen »spatial turn«, der Wendung zum bzw. der Wiederaufnahme von Raum als Kategorie der Geisteswissenschaften zusammen. Siehe zusammenfassend Doris Bachmann-Medick: Cultural Turns. Neuorientierungen in den Kulturwissenschaften. Reinbek b. Hamburg: Rowohlt 2006 (= rowohlts enzyklopädie), »Spatial turn«, S. 284–328.

46 Jürgen H. Petersen/Martina Wagner-Egelhaaf: Einführung in die neuere deutsche Literaturwissenschaft. Ein Arbeitsbuch. 8. neu bearb. Aufl. Berlin: Erich Schmidt 2009, S. 12f.

47 Wolfgang Höppner. In: Handbuch Literaturwissenschaft (Anm. 17), Bd. 3, S. 29.

48 Vgl. ebd., Bd. 3, Einleitung von Lutz Danneberg u.a., S. 2. Die Autoren setzen den Beginn der deutschen Literaturwissenschaft im frühen 19. Jahrhundert an, indem »sich längerfristig verfolgte Bemühungen um die editorische Sicherung der deutschsprachigen Überlieferung und ihre kritische Behandlung institutionell etablieren«. August Boeckhs Konzept von Philologie umfasste Sprache, Literatur, Sachkunde (Kulturgeschichte, Staat, Gesellschaft).

49 Jürgen Fohrmann: Deutsche Literaturgeschichte und historisches Projekt in der ersten Hälfte des 19. Jahrhunderts. In: Wissenschaft und Nation. Studien zur Entstehungsgeschichte der deutschen Literaturwissenschaft. Hg. v. Jürgen Fohrmann u. Wilhelm Voßkamp. München: Wilhelm Fink 1991, S. 205–215, hier S. 210.

50 Jürgen Fohrmann: Das Projekt der deutschen Literaturgeschichte. Entstehen und Scheitern einer nationalen Poesiegeschichtsschreibung zwischen Humanismus und Deutschem Kaiserreich. Stuttgart: Metzler 1989, S. 95. Auch bei Fohrmann wird am Beispiel des späten 19. Jahrhunderts sichtbar, wie die nationale Orientierung durch eine transnationale abgelöst wird, hier durch eine Orientierung am ›Geist‹ und an allgemeinen ethischen Prinzipien.

51 Ebd., S. 1.

52 Ebd., S. 262f.

53 Siehe Handbuch interkulturelle Germanistik (Anm. 9).

54 Siehe z.B. Dipesh Chakrabarty: Provincializing Europe: Postcolonial Thought and Historical Difference. Princeton/Oxford: Princeton University Press 2000.

55 Siehe z.B. Gayatri Chakravorty Spivak: A Critique of Postcolonial Reason: Toward a History of the Vanishing Present. Cambridge, MA: Harvard University Press 1999.

56 Eine knappe, aber differenzierte Reflexion auf dieses Buch und seine kritische Rezeption bietet Markus Messling: Zum Lebenswissen der Textwissenschaft. Für eine kritische Geschichte der Philologie. In: Literaturwissenschaft als Lebenswissenschaft. Programm – Projekte – Perspektiven. Hg. v. Wolfgang Asholt u. Ottmar Ette. Tübingen: Narr 2010 (= edition lendemains; 20), S. 127–136.

57 Said (Anm. 15), S. 2.

58 Ebd., S. 5.

59 Ebd., S. 6.

60 Ebd., S. 15.

61 Ebd. S. 168ff.

62 Lazarus (Anm. 23), S. 11, im Anschluss an Said.

63 Bill Ashcroft et al.: The Empire Writes Back. Theory and Practice in Post-colonial Literatures. 2nd edition. London/New York: Routledge 2002 (zuerst 1989). Geprägt hat den Ausdruck Salman Rushdie 1982 in einem Zeitungsessay. Gemeint ist: die Unterdrückten an den Rändern des ›empire‹ schreiben nun gegen die früheren Machtzentren. Es liegt freilich schon eine Pointe darin, dass der Titel sich untergründig auf den Titel des Films von George Lucas: The Empire Strikes Back (1980, Star Wars: Episode V) bezieht, was indirekt gerade die Stärke eines kulturellen Kraftzentrums wie Hollywood bestätigt.

64 Ebd., S. 2. – Englisch als akademische Disziplin kam Mitte des 19. Jh.s – so dies Buch – im Kontext des Imperialismus auf.

65 1964 wurde in Leeds die Association for Commonwealth Literature and Language Studies (ACLALS) gegründet. Siehe auch Elleke Boehmer: Colonial and Postcolonial Literature. Migrant Metaphors. 2nd ed. Oxford/New York: Oxford University Press 2005, S. 1: »This study is chiefly concerned with literature written in English, which even if

only to an extent narrows the field. It is on the British Empire that my attention will be focused«. Dem sind drei Karten zu Britain's Empire seit 1815 vorangestellt, die jüngste mit der Unterschrift: »The Commonwealth in 2004«.

66 Literatures in English: Priorities of Research. Hg. v. Wolfgang Zach u. Michael Kenneally. Tübingen: Stauffenburg 2008 (= SECL; 21), S. 11. Im 20. Jh. habe sich English Literature entwickelt zu Literatures in English. Das Buch hat eine eher kritische Tendenz, von einer Peripherie der Anglistik gegen Teile des Zentrums in den USA anschreibend. Barbara Korte, Klaus Peter Müller, Josef Schmied: Einführung in die Anglistik. 2. Aufl. Stuttgart/Weimar: Metzler 2004 (= Sammlung Metzler; 302), versteht unter Anglistik »das Fach in einem Sinn, der prinzipiell die Kulturen aller englischsprachigen Länder umfasst, sich vor allem aber auf die Britischen Inseln sowie ehemalige britische Kolonialgebiete außer den USA bezieht« (S. V).

67 Ashcroft et al. (Anm. 63), S. 22f.

68 Ebd., S. 23.

69 Der Afrikaner wa Thiong'o Ngugi hatte vor einem »Imperialismus des Englischen« gewarnt: »While some people with a vested interest in the English language and its literatures may be happy with their present status, there is serious concern that the world will become more sterile if their growth is at the expense of other languages and literatures. Indeed, the vibrancy of postcolonial literatures in English is heavily dependent on the healthy existence of other languages and cultures. Ngugui's salutary warning about the imperialism of English should therefore be heard and respected, even if we do not entirely agree with him«. In: Ismail S. Talib: The Language of Postcolonial Literatures. An Introduction. London/New York: Routledge 2002, S. 156.

70 Die Zeittafel (Chronology) von Lazarus (Anm. 23) orientiert sich an der Geschichte der USA (seit 1898: Vernichtung der spanischen Flotte; seitdem seien sie eine imperialistische Macht). Der Ausbruch des Ersten Weltkrieges wird hier nicht aufgeführt. Osteuropa kommt nicht vor, auch nicht der Fall der Mauer. Diesem Selbstverständnis zufolge müsste sich mit einer Veränderung der weltpolitischen Rolle der USA auch die Rolle dieses Diskurses verändern.

71 Said (Anm. 15), S. 25.

72 Gemeint ist: nordamerikanisch. Dass dies von Betroffenen als hegemonialer Gestus der Marginalisierung Südamerikas empfunden werden kann, ist dem Verfasser offenbar nicht bewusst.

73 Ashcroft at al. (Anm. 63), S. 15.

74 Lazarus, ed. (Anm. 23), S. xiii.

75 Andrew Smith: Migrancy, hybridity, and postcolonial literary studies. In: Lazarus (Anm. 23), S. 241–261, hier S. 245. Die Idee einer selbstgenügsamen, unveränderlichen und homogenen Nationalliteratur wird allerdings in den letzten Jahrzehnten kaum jemand vertreten haben. Auch Nationalliteraturen werden unter den Aspekten von Transfer und Austausch erforscht.

76 Ebd., S. 244 f.

77 Ashcroft at al. (Anm. 63), S. 16.

78 Siehe dazu Peter Goßens: Die »Andersheit des Anderen«. Über die Ethik weltliterarischen Denkens im Zeitalter der Globalisierung. In: Komparatistik. Jahrbuch der Deutschen Gesellschaft für Allgemeine und Vergleichende Literaturwissenschaft 2008/2009. Heidelberg 2010, S. 45–53, hier S. 46 f.

79 Seine durch das Englische samt seinen Varietäten gegebene Reichweite gerät zudem in einen Konflikt mit dem Gebot sprachlicher Vielfalt.

80 Ob der Blick aus dem All auf den blauen Planeten das Bewusstsein der »einen Welt« wirklich mitgeschaffen oder auch nur verstärkt hat oder bloß ein gutes Bild für ein auf andere Weise generiertes Telos ist? Vgl. Unsere gemeinsame Zukunft (Anm. 126), S. 302: »Mitte des 20. Jahrhunderts erfahren die Menschen zum ersten Mal, wie ihr Planet aus dem All aussieht. Vielleicht werden künftige Historiker einmal zu der Einsicht gelange, daß dieser Anblick unser Bewußtsein grundlegender veränderte, als es selbst der – das menschliche Denken zutiefst erschütternden – kopernikanischen Revolution des 16. Jahrhunderts durch das Verbannen der Erde aus dem Mittelpunkt der Welt gelungen war.« In der Variante von Hans Blumenberg: Die Genesis der kopernikanischen Welt. Bd. 3. Frankfurt a. M.: Suhrkamp 1981 (= suhrkamp taschenbuch wissenschaft; 352), S. 793 f. (zuerst 1975): »Die kosmische Oase, auf der der Mensch lebt, dieses Wunder von Ausnahme, der blaue Eigenplanet inmitten der enttäuschenden Himmelswüste, ist nicht mehr ›auch ein Stern‹ , sondern der einzige, der diesen Namen zu verdienen scheint. – Nur als Erfahrung einer Rückwendung wird akzeptiert werden, daß es für den Menschen keine Alternativen zur Erde gibt wie keine Alternativen der Vernunft zur menschlichen.«

81 In: Kant's Werke. Bd. VIII. Neudruck. Berlin/Leipzig: W. de Gruyter 1923 (= Kant's Gesammelte Schriften. Hg. v. d. Königlich Preußischen Akademie der Wissenschaften. Erste Abt.: Werke, 8. Bd.) [Photomechanischer Nachdruck 1969], S. 341–386, S. 354: »Das Völkerrecht soll auf einem Föderalism freier Staaten gegründet sein«. Im Prinzip habe jeder Mensch ein Recht (»Besuchsrecht«, S. 358) des freien Zugangs zu allen Territorien, da »ursprünglich [...] niemand an einem Orte der Erde zu sein mehr Recht hat, als der Andere« (ebd.). Es liegt auf der Hand, den Anspruch des freien Zugangs aller Menschen zu allen Kulturgütern analog zu begründen. Dagegenstehen können dann nur konservatorische und ähnliche Gründe.

82 Zuvor eine »UNESCO Universal Declaration on Cultural Diversity/Die allgemeine Erklärung zur Kulturellen Vielfalt der UNESCO« (2001). Der Europarat hatte ebenfalls eine »Declaration on Cultural Diversity« verabschiedet (2000).

83 Übereinkommen über Schutz und Förderung der Vielfalt kultureller Ausdrucksformen. Magna Charta der Internationalen Kulturpolitik. Hg. v. der Deutschen UNESCO-Kommission. Bonn 2009. Siehe auch das Weißbuch: Kulturelle Vielfalt gestalten. Handlungsempfehlungen aus der Zivilgesellschaft zur Umsetzung des UNESCO-Überein-

kommens zur Vielfalt kultureller Ausdrucksformen (2005) in und durch Deutschland. [...] (Weißbuch Version 1.0). Hg. v. der Deutschen UNESCO-Kommission (DUK). Bonn: DUK 2009.

84 Matthias Luserke-Jaquis (Anm. 42) Befürchtung und sein Widerstreben gegen eine Gestaltung und Bewertung der Germanistik nach betriebs- oder volkswirtschaftlichen Kriterien werden durch das »Übereinkommen« überflüssig oder sollten es jedenfalls werden: »Einigkeit indes besteht weitgehend darin, aus der Literaturwissenschaft jenseits der Lehrerausbildung auf keinen Fall eine ›Akzeptanzwissenschaft‹ zu machen, deren gesellschaftliche Anerkennung ausschließlich über politische und ökonomische Kriterien definiert wird, deren kultureller und wissenschaftlicher Wert also nach volkswirtschaftlichen Parametern bemessen und deren inhaltliche Bedeutung mit großindustriellen Anwendungs- und Nutzungskriterien bewertet wird« (S. 31).

85 Übereinkommen (Anm. 83), S. 15. Die Hauptbegriffe des Übereinkommens werden darin wie folgt erläutert: »›Kulturelle Vielfalt‹ bezieht sich auf die mannigfaltige Weise, in der die Kulturen von Gruppen und Gesellschaften zum Ausdruck kommen« (S. 20), auch auf »vielfältige Arten des künstlerischen Schaffens« (ebd.). »›Kultureller Inhalt‹ bezieht sich auf die symbolische Bedeutung, die künstlerische Dimension und die kulturellen Werte, die aus kulturellen Identitäten entstehen oder diese zum Ausdruck bringen« (ebd.). »›Kulturelle Ausdrucksformen‹ sind die Ausdrucksformen, die durch die Kreativität von Einzelpersonen, Gruppen und Gesellschaften entstehen und einen kulturellen Inhalt haben« (S. 21).

86 Im Übereinkommen (Anm. 83) werden Nachhaltigkeit, Entwicklungspolitik und Kultur aneinander herangeführt. Siehe dazu weiter Kapitel 5.

87 Ebd., S. 19. »Verschiedenheit der Sprachen und Religionen« ist nach Kant (Anm. 81), S. 367, ein Element eines Friedens, der durch das »Gleichgewicht [aller Kräfte] im lebhaftesten Wetteifer derselben hervorgebracht und gesichert wird.«

88 Übereinkommen (Anm. 83), S. 15f.

89 Ebd., S. 16.

90 Ebd., S. 18.

91 Kulturpolitik im Völkerrecht verankert. Das neue UNESCO-Übereinkommen zum Schutz der kulturellen Vielfalt. In: Übereinkommen (Anm. 83), S. 40–61, hier S. 40.

92 Goßens (Anm. 78), S. 51f., stellt die Frage nach dem Zusammenhang von »Weltliterarische[r] Ethik und Komparatistik«: »Für die Komparatistik heißt dies, sich neben und aus der Beschäftigung mit den ästhetischen Bedingungen der Kunst auch die Frage nach den ethischen Prämissen weltliterarischen Handelns zu stellen. Dann wird komparatistisches Denken im Zeitalter der Globalisierung tatsächlich ein Akt moralischen Handelns, der – aus dem Ästhetischen kommend – die Frage nach den gemeinsamen Werten menschlichen Seins in den Blick nimmt und auf diesem Weg politisch wird.« Dieser Frage steht mit dem Übereinkommen bereits ein normativer

Referenzrahmen zur Verfügung. Ein komparatistisches Denken, das entsprechende ethische Prämissen sucht, würde durch den Einbezug grundlegender völkerrechtlicher Verträge und anderer Texte weitere starke Argumente gewinnen.

93 1. Welt-Kultur- und Naturerbe, seit 1972; 2. Memory of the World [Weltdokumentenerbe], seit 1992 (s. auch den Anhang unserer Vorlesung); 3. Immaterielles Kulturerbe, seit 2003. 1. und 3. sind in Konventionen geregelt. Zum Verhältnis insbesondere des Welt-Kultur- und Naturerbes zu den Zielen kultureller Vielfalt siehe auch: World Heritage and Cultural Diversity. Ed. by the German Commission on UNESCO/BTU Cottbus/UNESCO Chair in Heritage Studies, o. O. 2011 (= World Heritage Studies; 4).

94 Übereinkommen (Anm. 83), S. 16.

95 In: Fostering Information and Communication for Development (in dieser Vorlesung S. 49, Liste, Nr. 2), S. 22.

96 UNESCO World Report (S. 49, Liste, Nr. 3), S. 85.

97 Ebd., S. 65, 67.

98 Ebd., S. 76.

99 Ebd., S. 78.

100 Ebd., S. 80.

101 Das muss Auswirkungen auf die kulturelle und kulturwissenschaftliche Arbeit haben. Siehe Lothar Jordan: Translations in Literary Museums. Some Challenges. In: Literature and Music and Other Subjects. Proceedings of the ICLM Annual Conference 2011 in Italy. With Some Papers of the ICLM Conference 2010 in Shanghai. Ed. by the Board of ICLM. Paris: ICOM/Chiaravalle: Fondazione Chiaravalle Montessori 2012 (im Druck). Dem folgt als erste Fallstudie Antje Schöne: Untersuchungen zur Mehrsprachigkeit von Literaturmuseen und literarischen Gedenkstätten in Deutschland. Masterarbeit. Institut für Germanistik, TU Dresden 2011; Resümee in: Literature and Music.

102 Goethes Begriff der Weltliteratur ist dabei ein Ausgangspunkt. »While literature in general may be influenced by globalizing trends affecting most aspects of cultural life, poetic expression may be more resistant to such trends. If globalization can be said to have less purchase on poetry than on any other literary form, it may be, on the one hand, because poetry's singularity makes it non-commodifiable, inconvertible into any value other than itself. In the tradition of a Walt Whitman, Rabindranath Tagore, Saint-John Perse, Pablo Neruda, or Derek Walcott, poets inhabit universes of their own creation, which commend themselves to us as our own. In this sense, poetry remains a wellspring of diversity within a continuum that runs from culture to commerce« (UNESCO World Report [S. 49, Liste, Nr. 3], S. 167). – Siehe auch oben Anm. 12.

103 Siehe S. 46, Punkt a.

104 Reallexikon (Anm. 29), Bd. III, S. 77.

105 Vgl.: Kulturanalyse und vergleichende Forschung in Sozialgeschichte und historischer Soziologie. Hg. v. Wilfried Spohn. Leipzig: Leipziger Universitätsverlag 1998 (= Comparativ; 8, 1). Darin erörtert Spohn in

seiner Einleitung, S. 9, neuere Ansätze »in Geschichte und Soziologie [...], die die Einzigartigkeit, Kontextgebundenheit und kulturelle Konstruktion historischer P[h]änomene und historisch-sozialer Prozesse voraussetzen«; verstärkt nehmen sich in diesen Fächern Area Studies der weltregionalen Differenzierung kultureller Vielfalt an.

106 Siehe z.B. Ramazani (Anm. 24), der bei führenden Vertretern postkolonialer Lyrik eine Hybridität ausmacht, die sich formal niederschlägt: »literary archetypes that interweave disparate genealogies, metaphors that splice discordant cultural perspectives, ironies that rhetorically twin warrant meanings, and genres that conjoin the disciplinary and literary forms of the colonizer with the inherited oral tradition of the colonized« (S. 180).

107 Siehe UNESCO World Report (S. 49, Liste, Nr. 3), S. 22.

108 Siehe Wilhelm von Humboldt: Betrachtungen über die Weltgeschichte. In: Ders.: Werke. Hg. v. Albert Leitzmann. 3. Bd. Berlin: B. Behr's Verlag 1904, S. 350–359 (= W. v. H.: Gesammelte Schriften. Hg. v. der Könglich Preussischen Akademie der Wissenschaften, Bd. II, Erste Abt.: Werke III) (photomech. Nachdruck Berlin 1968), hier S. 358. Auch andere Arbeiten W. v. Humboldts berühren unsere Fragen, siehe ebd., Bd. I: Vergleichende Anthropologie; Verschiedenheiten der Sprachen etc.

109 Immanuel Kant: Anthropologie in pragmatischer Hinsicht. In: ders.: Werke. Akademie-Textausgabe, Bd. 7. Berlin/New York: W. de Gruyter 1968, S, 117–334, hier S. 331.

110 Kants Werke (Anm. 81).

111 Ein »föderativer Zustand der Staaten«, ebd., S. 385.

112 Briefe zu [sic!] Beförderung der Humanität [1793–1798], zitiert nach: Johann Gottfried Herder: Sämmtliche Werke. Hg. v. Bernard Suphan. 18. Bd. Berlin: Weidmannsche Buchhandlung 1883, S. 300. Herders Anthologie: Volkslieder (1778/79), bekannt geworden unter dem Titel: Stimmen der Völker in Liedern, kann hier immer noch als ein frühes praktisches Beispiel eines Interesses an der internationalen Vielfalt der Literatur dienen.

113 Dietrich Harth: Das Gedächtnis der Kulturwissenschaften. Dresden/München: Dresden University Press 1998, S. 83. Siehe auch Jan Assmann: Das kulturelle Gedächtnis. Schrift, Erinnerung und politische Identität. München: C.H. Beck 1997, und den Überblick von Astrid Ertl: Kollektives Gedächtnis und Erinnerungskulturen. In: Konzepte der Kulturwissenschaften. Theoretische Grundlagen – Ansätze – Perspektiven. Hg. v. Ansgar Nünning u. Vera Nünning. Stuttgart/Weimar: Metzler 2003, S. 156–185. Fachspezifisch: Voßkamp (Anm. 35), S. 41: die Literaturwissenschaft habe »die Funktion eines Mediums der individuellen und kollektiven Erinnerung und eines Gedächtnisspeichers«. Hartmut Böhme (in: Germanistik [Anm. 35], S. 49): es gehe darum, die »ars memoriae als Bedingung von Kultur zu sichern«. Optimistischer Ludwig Jäger in seiner Einleitung als Hg. von: Germanistik (Anm. 35), S. 10: der Germanistik könne »eine neue disziplinäre Identität [...] zuwachsen«, indem sie »die grundlegende

Bedeutung der literalen Kultur als Ort des kulturellen Gedächtnisses einer Gesellschaft offensiv verdeutlichte«.

114 Die Aufgabe der Geisteswissenschaften in der modernen Gesellschaft. In: Joachim Ritter: Subjektivität. Sechs Aufsätze. Frankfurt a. M.: Suhrkamp 1989 [dieser Aufsatz zuerst 1963] (= Bibliothek Suhrkamp; 379), S. 105–140, hier S. 133. Die Aufgabe, die Ritter hier spezifisch den Geisteswissenschaften zuschreibt, gilt allerdings z. T. auch für Gedächtnisinstitutionen wie Archive, Bibliotheken und Museen.

115 Benedikt Jeßing/Ralph Köhnen: Einführung in die Neuere deutsche Literaturwissenschaft. 2. aktualisierte u. erw. Aufl. Stuttgart/Weimar: Metzler 2007, S. IX.

116 Korte u. a. (Anm. 66), S. 79.

117 Siehe dazu: Walter Schmitz: Erkenntnis und Metapher. Zur Wissensproduktion in der geisteswissenschaftlichen Fachkultur. In: Interpretatio mundi. Wie deuten Wissenschaften ihre Welt? Hg. v. Thomas Groh u. Jörn Lorenz. Dresden: Thelem 2010 (= Transfer. Interdisziplinäre Deutschland- und Europastudien; 2), S. 173–187; Remo Ceserani: Metaphors of Memory. In: Literary and Composer Museums and Research. Proceedings of the ICLM Annual Conference 2008. Ed. by the Board of ICLM. Paris: ICOM/Florenz: Edizioni Polistampa 2009, S. 113–134.

118 Siehe im Detail: www.un.org/milleniumgoals.

119 UNESCO World Report (S. 49, Liste, Nr. 3), S. 81.

120 Siehe auch UNESCO: United Nations Decade of Education for Sustainable Development 2005 to 2014 – Draft International Implementation Scheme. Verfügbar unter: http://www.unesco.ch/work-content/IIS_DESD_part_1.doc (14. 4. 2005).

121 Im Jahr des Umweltgipfels von Rio 1992 hatte der Internationale Museumstag das Motto »Museums and Environment«.

122 Tereza Cristina Scheiner: Museum ethics and the environment. In search of a common virtue, in: Museum Ethics. Ed. by Gary Edson. London/New York: Routledge 1997, S. 178–186, hier S. 179–181.

123 Jürgen Mittelstraß: Literatur und Leben. Über ethische und anthropologische Dimensionen kultureller Rationalität. Dresden: Technische Universität Dresden: In Kommission bei Thelem 2010 (= Oskar Walzel Vorlesungen; 1), S. 39 f.

124 Siehe aber Jordan (Anm. 6).

125 Das Konzept der Nachhaltigkeit wird der Sache nach auf das 1713 in Leipzig erschienene Buch »Anweisung zur wilden Baum-Zucht« von Hannß Carl von Carlowitz zurückgeführt. – Siehe auch Siegmar Otto: Bedeutung und Verwendung der Begriffe nachhaltige Entwicklung und Nachhaltigkeit. Eine empirische Studie. Diss. Jacobs University Bremen 2007. http://www.jacobs-university.de/phd/files/1185371576.pdf .

126 World Commission on Environment and Development: Our Common Future. Oxford/New York: Oxford University Press 1987, hier: Foreword, S. ix. Im Internet unter http://worldinbalance.net/intagreements/1987-brundtland.php . Eine deutsche Übersetzung

erschien ebenfalls 1987: Weltkommission für Umwelt und Entwicklung: Unsere gemeinsame Zukunft. Hg. v. Volker Hauff. Greven: Eggenkamp. Hier lautet die deutsche Übersetzung von sustainable development »dauerhafte Entwicklung«.

127 Our Common Future (Anm. 126), S. 43.

128 Deutsche Übersetzung aus: http://www.bne-portal.de/coremedia/generator/unesco/de/02__UN-Dekade_20BNE/01__Was_20ist_20BNE/Brundtland-Bericht.html. In Unsere gemeinsame Zukunft (Anm. 126), S. 46, wird sustainability noch mit Dauerhaftigkeit übersetzt. Im Englischen schwingt in einer Bedeutung von sustainable »for a long time« (longue durée) mit.

129 Jörg Tremmel: Nachhaltigkeit als politische und analytische Kategorie. München: ökom verlag 2003.

130 Man kann auch ein Viereck ausprobieren mit Wirtschaft, Ökologie, Gesellschaft und Kultur; so die neue, noch nicht gefüllte Idee von The International Journal of Environmental, Cultural, Economic & Social Sustainability (http://onsustainability.com/journal/).

131 Siehe Anm. 93.

132 Übereinkommen (Anm. 83), S. 19.

133 S. 49, Liste, Nr. 3, S. 23.

134 Philologie und Hermeneutik im 19. Jahrhundert. Zur Geschichte und Methodologie der Geisteswissenschaften. Hg. v. Hellmut Flashar, Karlfried Gründer, Axel Horstmann. Göttingen: Vandenhoeck & Ruprecht 1979; darin Karlheinz Stierle: Altertumswissenschaftliche Hermeneutik und die Entstehung der Neuphilologie, S. 260–288. Nach Stierles Auffassung schützt die Philologie Texte »gegen das Vergessen« (S. 261), die einer Gesellschaft besonders wichtig (»normativ«) sind. Er schreibt zum Thema Nachhaltigkeit, ohne den Begriff zu verwenden: »Darüber hinaus bedeutet Philologie als Institution die Ermöglichung eines auf Dauer gestellten Interesses an den vergangenen grundlegenden, traditionsbegründenden Werken« (S. 261), und: »Ziel der Philologie als Wissenschaft ist die Ermöglichung einer immer umfassenderen, bewußteren und differenzierteren Form der Partizipation« (ebd.).

135 Siehe das Zitat im Text S. 11 zu Anm. 2.

136 Our Common Future [deutsche Ausgabe ebenfalls 1987] (Anm. 126). Der Bericht stützt sich auf die Mitwirkung von »Thousands of people all over the world« (Foreword, S. xv). Die »Acknowledgements«, S. 383ff., benötigen für eine Auswahl 20 Seiten in kleiner Type.

137 Wolfgang Frühwald u.a.: Geisteswissenschaften heute. Eine Denkschrift. 2. Aufl. Frankfurt a.M.: Suhrkamp 1996 [zuerst 1991] (= suhrkamp taschenbuch wissenschaft; 973), S. 7.

138 Ebd., S. 25.

139 Ebd., S. 40; darin ausführlicher zum Begriff Kultur Reinhart Koselleck. Das zugrundeliegende Projekt wurde 1987–1990 mit Mitteln des Bundesministers für Forschung und Technologie durchgeführt (S. 7). Volker Hauff, Mitglied der World Commission for Environment and Development und Hg. der deutschen Ausgabe (Anm. 126) des Brundtland-Berichtes, war 1979–1980 Bundesminister für Forschung

und Technologie gewesen. Und doch tritt der Brundtland-Bericht nicht in den Horizont dieses geisteswissenschaftliches Projektes ein. Die Beobachtung dieser Leerstelle ist nicht als Kritik gemeint, sondern kann als Indiz dafür dienen, wie schwer es aus der fachwissenschaftlichen Perspektive ist, jenseits der Fachgrenzen liegende Sachverhalte zu erfassen und eventuell in Beziehung zum Fach zu setzen. Das gilt vor allem für neue Sachverhalte, die noch nicht mit einer Kette von Sekundärliteratur an- und eingebunden werden können. Damit keine Missverständnisse aufkommen: Das gilt auch für mich. 1987 war ich Habilitand und neuen Fragen aufgeschlossen. Auch in meinen Horizont ist der Brundtland-Bericht damals nicht eingetreten, sondern erst viel später. – Siehe auch Jürgen Mittelstraß: Der Flug der Eule. Von der Vernunft der Wissenschaft und der Aufgabe der Philosophie. Frankfurt a. M.: Suhrkamp 1989 (= suhrkamp taschenbuch wissenschaft; 796), S. 77: »Transdisziplinarität [...] stellt [...] die ursprüngliche Einheit der Wissenschaft – hier als Einheit der wissenschaftlichen Rationalität, nicht der wissenschaftlichen Systeme verstanden – wieder her.«

140 Ottmar Ette will mit einer Reihe (»ÜberlebensWissen«) von Publikationen (ÜberLebenswissen. Die Aufgabe der Philologie, 2004; ZwischenWeltenSchreiben. Literaturen ohne festen Wohnsitz, 2005; ZusammenLebensWissen. List, Last und Lust literarischer Konvivenz im globalen Maßstab, 2010, alle Berlin: Kadmos) ein Programm der »Literaturwissenschaft als Lebenswissenschaft« entfalten (s. auch: Ders.: Literaturwissenschaft als Lebenswissenschaft. Eine Programmschrift im Jahr der Geisteswissenschaften. In: Literaturwissenschaft als Lebenswissenschaft [Anm. 56], S. 11–38). Erfreulich offensiv und optimistisch will er den Philologien, in bunter Fülle alle semantischen Nuancen von ›Leben‹ auf ihre Inhalte anwendend, zu neuer Bedeutung verhelfen. Dabei hat er immer noch Nietzsches Vortrag »Vom Nutzen und Nachteil der Historie für das Leben« (Programmschrift, S. 11ff., Leben hier in Relation zu Nietzsche nur »auf die Ebene eines einzelnen Menschen, eines Volkes oder einer Kultur« beziehend) und C. P. Snow im Blick (Programmschrift, S. 15).

141 Siehe dazu Jürgen Mittelstraß: Die Geisteswissenschaften im System der Wissenschaft. In: Geisteswissenschaften heute (Anm. 137), S. 15–44, darin S. 31–44 der Abschnitt: 4. Kompensation oder Orientierung?

142 H. U. G.: Die Macht der Philologie. Über einen verborgenen Impuls im wissenschaftlichen Umgang mit Texten. Frankfurt a. M.: Suhrkamp 2003 (Zuerst: The Powers of Philology, 2002), S. 106.

143 Knobloch (Anm. 1), S. 204.

144 In: Philologie und Hermeneutik im 19. Jahrhundert (Anm. 134), S. 257f.

145 Also in meiner Argumentation die Werte kultureller und sprachlicher Vielfalt bzw. Vielfalt der kulturellen Ausdrucksformen.

146 Übereinkommen (Anm. 83), S. 18.

147 Siehe S. 49, Liste, Nr. 3, S. 45. Siehe darin auch S. 56–59 den Abriss: »The history of dialogue and institutional initiatives on intercultu-

ral dialogue« sowie die selbstkritische Reflexion S. 44: »What went wrong with the dialogue between cultures?«

148 Siehe Handbuch interkulturelle Germanistik (Anm. 9) und Schmitz (Anm. 41) zur institutionalisierten Kooperation der Germanistik in Mitteleuropa.

149 Handbuch interkulturelle Germanistik (Anm. 9), S. 647.

150 Ebd., S. 665.

151 Ebd., »Aufgaben und Ziele komparatistischer Forschung: Kulturelle Bedingtheit und kulturelle Vielfalt«, S. 562–569, hier S. 566.

152 Ebd. S. 567.

153 Siehe oben S. 38–40.

154 Said (Anm. 15), S. xix. Er bezieht sich hier auf Auerbachs Aufsatz »Philologie der Weltliteratur« (Anm. 18).

155 Das gilt sowohl aus wissenschaftlicher wie aus verlegerischer Sicht; siehe: Probleme der Kommentierung. Kolloquien der Deutschen Forschungsgemeinschaft. Frankfurt am Main. 12. bis 14. Oktober 1970 und 16. bis 18. März 1972. Hg. v. Wolfgang Frühwald, Herbert Kraft u. Walter Müller-Seidel (= Deutsche Forschungsgemeinschaft. Mitteilung I der Kommission für germanistische Forschung). Weinheim: Acta Humaniora/VCH 1975 [1. Nachdruck 1987 der 1. Aufl.]; bei Frühwald (»Formen und Inhalte des Kommentars wissenschaftlicher Textausgaben«, S. 13–32) taucht das Problem zunächst vom Typ der Edition her auf: »der Editionstyp [ist] durch den unterschiedlichen Erwartungshorizont des Lesers« (S. 20) bedingt. Frühwald unterscheidet »Zielgruppen« (S. 20) der Edition, aber ausschließlich bildungssoziologisch und streift nur den Bezug zum Kommentar. Ähnlich Herbert G. Göpfert: »Kommentierung aus der Sicht des Verlages«, S. 91–103, hier S. 91: »Umso wichtiger ist die genaue Fixierung des Rezipientenkreises einer Edition«. Internationale und interkulturelle Aspekte kommen aber auch hier nicht vor.

156 Siehe: Kommentierungsverfahren und Kommentarformen. Hamburger Kolloquium der Arbeitsgemeinschaft für germanistische Edition 4. bis 7. März 1992, autor- und problembezogene Referate. Hg. v. Gunter Martens: Tübingen: Max Niemeyer 1993 (= Beihefte zu editio; 5). Das »Vorwort« des Hg. eröffnet zwar S. IX: »Der editorische Kommentar – Brückenschlag zwischen Text und Leser – gehört zu den problemreichsten und vielfach umstrittenen Aufgaben des Herausgebers.« Aber nicht eine Analyse des Brückenschlags zum Leser, sondern »autor- und problembezogene Beiträge« (ebd.) folgen dann in dem Band.

157 Ralph Häfner. In: Reallexikon (Anm. 29), Bd. II. Hg. v. Harald Fricke, S. 298.

158 Ebd. S. 302.

159 Jürgen Fohrmann: Der Kommentar als diskursive Einheit der Wissenschaft. In: Diskurstheorien und Literaturwissenschaft. Hg. v. Jürgen Fohrmann u. Harro Müller. Frankfurt a.M.: Suhrkamp 1988, S. 244–257 (= suhrkamp taschenbuch wissenschaft; 2091), hier S. 250.

160 Zielgruppen- bzw. kulturspezifische Ausgaben fordert Munira H. Mutran (Brasilien): Aren't We All Born Comparatists? In: Zach u. Ken-

neally (Hg.) (Anm. 66), S. 49–56, hier S. 55: »I would suggest the organization of a series of texts as a reader or an anthology devised specifically for the public in non-speaking [!] English countries, always bearing in mind the context for which it is intended«.

161 Scripture, Canon, and Commentary. A Comparison of Confucian and Western Exegesis. Princeton: Princeton University Press 1991.

162 Siehe dazu ausführlicher Lothar Jordan: Ein Kommentar für alle? Überlegungen zum UNESCO-Memory of the World-Programm. In: Comparative Aesthetics. Universelle Ästhetik im Fokus der Vergleichenden Literaturwissenschaft. Hg. v. Achim Hölter. Heidelberg: Synchron 2011 (= Hermeia. Grenzüberschreitende Studien zur Literatur- und Kulturwissenschaft; 12), S. 191–200.

163 Formen und Inhalte des Kommentars wissenschaftlicher Textausgaben. In: Wolfgang Frühwald u.a. (Hg.) (Anm. 155), S. 13–32, hier S. 14, Anm. 3

164 Siehe S. 49, Liste, Nr. 3, S. 80.

165 Siehe z.B. Handbuch Translation. Hg. v. Mary Snell-Hornby u.a. Tübingen: Stauffenburg Verlag: B. Narr 1998, und die Routledge Encyclopedia of Translation Studies. Ed. by Mona Baker and Gabriela Saldanha. 2nd ed. London/New York 2009. Der zweite Teil referiert, teilweise unter expliziter Berücksichtigung der jeweiligen Sprachgeschichte, 33 weltregionale und nationale Übersetzungstraditionen.

166 UNESCO World Report (S. 49, Liste, Nr. 3), S. 85. Ebd., S. 80: »Translation [...] serves as a necessary bridge over the many linguistic divides that multilingualism is not able to fulfill.« Die Brückenfunktion der Übersetzung greift schon im Titel auf: Übersetzbarkeit zwischen den Kulturen. Sprachliche Vermittlungspfade – Mediale Parameter – Europäische Perspektiven. Hg. v. Bettina Kremberg, Artur Pełka, Judith Schildt. Frankfurt a.M. u.a.a.O.: Peter Lang 2010.

167 Vgl. auch Friedmar Apel/Annette Kopetzki: Literarische Übersetzung. 2. Aufl. Stuttgart/Weimar: Metzler 2003 (= Sammlung Metzler; 206). Die Verf. referieren das Verständnis von Übersetzung als »ausgezeichneter Form interkultureller Kommunikation« (S. 26, vgl. Doris Bachmann-Medick: »Übersetzung als Medium interkultureller Kommunikation und Auseinandersetzung«. In: Handbuch der Kulturwissenschaften. Bd. 2. Paradigmen und Disziplinen. Hg. v. Friedrich Jaeger u. Jürgen Straub. Stuttgart/Weimar. J. B. Metzler 2004, S. 449–465). In diesem Einführungsband wird an der Fachdifferenzierung der Abschnitte der Nachteil des Auseinandertretens von Sprachwissenschaft und Literaturwissenschaft und Kulturwissenschaft deutlich. Übersetzungen und Übersetzungsanalysen bedürfen der Kenntnisse aus mehreren Disziplinen, erscheinen aber in den Perspektiven dieser Disziplinen verschieden. Wenn von mir die Erforschung oder Erstellung von Übersetzungen unter dem Aspekt betrachtet wird, dass sie in der engen Verbindung von literarischem Werk und Sprache an ältere Phasen der Philologie erinnert, so soll nicht einer Tendenz zur Bevorzugung etwa einer wissenschaftlichen Übersetzung das Wort geredet werden. Ein kreativ-künstlerisches Element wird in vielen Fällen das Entstehen guter Übersetzungen

begünstigen, auch wenn dieses zuvor eines Verständnisses des Textes bedarf, das literaturwissenschaftlich fundiert sein muss.

168 Die Neuphilologie bietet in der Tradition der Klassischen Philologie schon im 19. Jahrhundert und bis heute vor allem zwei Varianten, eine, die am Text orientiert ist, und eine, die in der Zusammenschau von Texten und kulturellen sowie sozialen Kontexten auf die Gesamtheit des Verständnisses einer Kultur abzielt. Zum Kulturbegriff siehe Reinhart Koselleck: Wie sozial ist der Geist der Wissenschaften? Zur Abgrenzung der Sozial- und Geisteswissenschaften. In: Geisteswissenschaften heute (Anm. 137), S. 112–141, S. 138: »Kultur ist zugleich ein Handlungs- und Reflexionsbegriff«, »anthropozentrisch«, für Wissenschaft und Politik geeignet. Sein Schlussabschnitt (S. 136ff.) heißt: »Die gemeinsamen anthropologischen und kulturwissenschaftlichen Implikationen der Geistes- und Sozialwissenschaften«. Das Gemeinsame findet sich in einem weiten Kulturbegriff.

169 Siehe z. B.: Französische Dichtung. Zweisprachige Anthologie in vier Bänden. Hg. v. Bernhard Böschenstein u. a. Koordinator des Herausgeberkreises: Lothar Jordan. München: C. H. Beck Verlag 1990 (dtv 1991).

170 Siehe dazu Marek Zybura: Ludwig Tieck als Übersetzer und Herausgeber. Zur frühromantischen Idee einer »deutschen Weltliteratur«. Heidelberg: C. Winter 1994 (= Beiträge zur neueren Literaturgeschichte. Dritte Folge; 131); siehe auch: Achim Hölter: Ludwig Tieck als Komparatist. In: Ders.: Frühe Romantik – frühe Komparatistik. Gesammelte Aufsätze zu Ludwig Tieck. Frankfurt a. M. u. a. a. O.: Peter Lang 2001, S. 231–238.

171 Said (Anm. 15), S. 339.

172 Siehe dazu z. B. Werner Koller: Einführung in die Übersetzungswissenschaft. 6. durchgesehene und aktualisierte Aufl. Wiebelsheim: Quelle & Meyer 2001, S. 75–79: »Automatisierung des Übersetzens«, und Paul Schmidt: Automatisches Übersetzen. In: Handbuch Translation (Anm. 165), S. 133–137.

173 Siehe dazu Lothar Jordan: Welche Grenzen? Reflexionen zu einem konstitutiven Element komparatistischer Forschung. In: Nationale Grenzen und internationaler Austausch. Studien zum Kultur- und Wissenschaftstransfer in Europa. Hg. v. Lothar Jordan u. Bernd Kortländer. Tübingen: Max Niemeyer 1995 (= Communicatio. Studien zur europäischen Literatur- und Kulturgeschichte; 10), S. 34–49, hier S. 44–47.

174 Zur historischen Dimension siehe: Zur Geschichte und Problematik der Nationalphilologien in Europa (Anm. 18).

175 Siehe z. B. den Mitteleuropäischen Germanistenverband (Anm. 41).

176 Siehe z. B.: Komparatistik als Dialog. Literatur und interkulturelle Beziehungen in der Alpen-Adria-Region und in der Schweiz. Hg. v. Johann Strutz u. Peter V. Zima. Frankfurt a. M. u. a.: Peter Lang 1991.

177 Z. B. BA Europäische Literatur in Mainz, Europäische Literaturen in Marburg; MA Literatur und Kultur in Europa in Osnabrück.

178 Eine Variante des Blicks von außen auf Europa zur Förderung von

dessen Selbstverständnis reflektiert Ottmar Ette (Anm. 140, ZusammenLebensWissen, 2010) in seinem Kapitel »Europa aus der transarealen Bewegung: Europäische Literatur(en) im globalen Kontext«, S. 165–198. Er will »ein neues Verständnis der europäischen Literatur als vielfach hochrückgekoppelter transarealer Gemeinschaft« (S. 196) vorantreiben. Es gelte »europäische Literatur als ein so skizziertes Ensemble transkontinentaler und transarealer, aber auch nationaler, regionaler und lokaler Literatursprachen zu begreifen, das sich transversal und vektoriell im Bewegungsraum zwischen National- und Weltliteratur lokalisieren, aber nicht fixieren läßt« (S. 171).

179 Aus der Perspektive der Mediävistik ergibt sich eher als aus der heutiger Neuphilologie eine Einheit der Betrachtung von Sprache und Literatur. Siehe dazu Meinolf Schumacher: Auf dem Weg zur Europäischen Literaturwissenschaft. In: Allgemeine Literaturwissenschaft. Grundfragen einer besonderen Disziplin. Hg. v. Rüdiger Zymner. Berlin 1999 (= Allgemeine Literaturwissenschaft; 1), S. 197–207.

180 Harth (Anm. 113), S. 113.

181 Sie würde auch weniger und kürzere Fußnoten aufweisen.

Organisation der Vereinten Nationen für Bildung, Wissenschaft und Kultur

Deutsche UNESCO-Kommission e.V.
Memory of the World
20-jähriges Jubiläum

Die UNESCO feiert 2012 das 20-jährige Bestehen des »Memory of the World«-Programms. Seit 1992 fördert dieses Programm die Erhaltung und Digitalisierung dokumentarischer Zeugnisse der Kultur- und Geistesgeschichte. Mit dem »Memory of the World«-Programm will die UNESCO kulturell wie historisch bedeutsame Dokumente vor dem Vergessen und vor Zerstörung bewahren. Es soll die internationale Zusammenarbeit von Bibliotheken, Archiven und Museen bei der Erhaltung des dokumentarischen Erbes fördern. Ziel ist es, ausgewählte Dokumente von universeller Bedeutung durch Digitalisierung zu sichern und weltweit zugänglich zu machen.

Um die Ziele umfassender anzugehen, scheint es sinnvoll, systematisch Elemente in Bildung und Forschung zu implementieren, welche die Arbeit an Dokumenten international und transdisziplinar verbessern können. So regt der im Folgenden abgedruckte Text an, mit Memory of the World Studies eine neue akademische Disziplin einzuführen, eine Disziplin, die sich an Zielsetzungen des vor zwanzig Jahren begründeten »Memory of the World«-Programms der UNESCO anlehnt und deren Inhalt mit »Interdisziplinäre und international ausrichtete Forschung und Lehre zu Dokumenten« beschrieben werden kann. Ursprünglich auf Englisch verfasst, lag der Text bereits den »Empfehlungen« der Vierten Internationalen Konferenz des UNESCO »Memory of the World«-Programmes »Culture – Memory – Identities« (Warschau, 18.-21. Mai 2011) zugrunde.

ANHANG

Vorbemerkung

Während die im Vorstehenden veröffentlichte Vorlesung vorschlägt, zur Begründung einiger bestehender Disziplinen, der Neuphilologien, die Programmatik der UNESCO ergänzend heranzuziehen, wird in meinem ab S. 141 abgedruckten Text angeregt, eine neue akademische Disziplin einzuführen, eine Disziplin, die sich an Zielsetzungen eines UNESCO-Programms anlehnt, nämlich an das vor zwanzig Jahren, 1992, begründete Memory of the World-Programm der UNESCO (Weltdokumentenerbe; im Folgenden: MoW). Dieses Programm hat die Pflege des Weltdokumentenerbes zum Ziel und will:

– die Erhaltung des Dokumentenerbes erleichtern,
– den universellen Zugang zu ihm unterstützen,
– weltweit das Bewusstsein seiner Bedeutung und seines Wertes erhöhen.

Um auf diese Ziele aufmerksam zu machen und

sich an ihrer Umsetzung zu beteiligen, unterhält das MoW-Programm drei Ebenen von Registern, in die bedeutende Dokumente aufgenommen werden können: ein Internationales Register (Weltregister); (welt)regionale Register (bisher nicht für alle Regionen, z.B. nicht für Europa); nationale Register (nicht überall). Darüber hinaus führt es Projekte (Digitalisierungsprojekte, Konferenzen, Workshops u.ä.) durch oder beteiligt sich an ihnen. Damit kann die UNESCO aber nur einen kleinen Teil des Weltdokumentenerbes erreichen. Um die Ziele umfassender anzugehen, scheint es sinnvoll, systematisch Elemente in Bildung und Forschung zu implementieren, welche die Arbeit an Dokumenten international und transdisziplinär verbessern können.

Im Folgenden wird zum ersten Mal die deutsche Fassung eines englischsprachigen Papiers *Memory of the World and the Academic World: A Proposal to Introduce Memory of the World Studies* veröffentlicht, das ich der UNESCO für das Memory of the World-Programm vorgelegt habe. Dieser Text wurde durch Beschluss des International Advisory Committee (Leitungsgremium) dieses Programms auf seiner 10. Sitzung am 25. Mai 2011 in Manchester angenommen. Kurz zuvor lag er bereits den »Empfehlungen« der Vierten Internationalen Konferenz des UNESCO-Memory of the World-Programmes »Culture – Memory – Identities« (Warschau, 18.-21. Mai 2011) zugrunde. Eine der Empfehlungen war, Memory of the World Studies einzuführen. Obwohl die Diskussion um die Entwicklung von ersten Maßnahmen inzwischen weitergegangen ist, wird der englische Text, der als Beschlussvorlage diente, als Dokument übertragen, also nicht in eine aktuellere Fassung weitergeschrieben.

Im Kern geht es darum, mittelfristig eine neue Disziplin einzuführen, deren Inhalt mit »Interdisziplinäre und international ausrichtete Forschung und Lehre zu Dokumenten« beschrieben werden kann. Ein Ausgangspunkt war die Beobachtung, dass Dokumente Objekte von Forschung und Lehre unterschiedlicher akademischer Disziplinen verschiedener Fakultäten sind wie: Philologien, historische Disziplinen (allgemeine Geschichte, Rechtsgeschichte, Sozialgeschichte, Kunstgeschichte, Wissenschaftsgeschichte etc.); weitere Fächer, die im tertiären Bildungsbereich, aber international in z. T. ganz verschiedenen Typen von Einrichtungen institutionalisiert sind, nämlich die Forschung und Lehre zu Archiven, Bibliotheken und Museen, den Institutionen des Gedächtnisses, ebenso natürlich die Forschung in diesen Institutionen. Hinzukommen Ingenieurwissenschaften, sei es im Bereich der Restaurierung, Konservierung oder der immer wichtiger werdenden Vermittlung der Dokumente und des Wissens über diese Dokumente durch neue Technologien (ICT), vor allem das Internet. Diese neuen Technologien wirken sich nicht nur auf die Möglichkeiten der Forschung aus, schaffen völlig neue interdisziplinäre Perspektiven in virtuellen Forschungsumgebungen, sondern sie verändern, damit interagierend, die Vermittlung der Dokumente in Fachöffentlichkeiten und in eine breitere Öffentlichkeit. Ihr Horizont ist aufgrund des Mediums tatsächlich ein weltweiter. Das wirft nicht nur technologische, sondern verschiedene semantische Fragen auf, welche die Komplexität der dringlichen sprachlichen Fragen (etwa der Erfordernis mehrsprachiger Vermittlung) noch überschreiten.

Das Memory of the World-Programm wird in dem jungen UNESCO-Sektor Kommunikation und Information betreut, für den die neuen Informationstechnologien und ihre vielfältigen Fragen und Perspektiven ein Schwerpunkt der Arbeit sind. Die Einrichtung von MoW erfolgte dort vor zwanzig Jahren in der Voraussicht, dass das Internet und andere neue Technologien bei der Pflege, Vermittlung und Erforschung von Dokumenten in Zukunft eine wachsende Rolle würden spielen können. MoW und die MoW Studies stehen im Zusammenhang mit den Reflexionen, was diese Technologien auf dem Weg zu Informations- und Wissensgesellschaften zu leisten vermögen.

Unser hier auf Deutsch publizierter Text hatte und hat zunächst Funktionen in den Gremien der UNESCO, welche für das Programm zuständig, und für Fachleute, die für es tätig sind. Die Begriffe ›Universitäten‹ und ›Professoren‹ stehen hier übrigens pars pro toto für alle Wissenschaftlerinnen/Wissenschaftler und Einrichtungen in Forschung und Lehre. Präzisere Bezeichnungen hätten angesichts der Vielfalt der Bildungs- und Wissenschaftssysteme in der Welt zu unnötig umständlichen Formulierungen geführt.

Gespräch und Kooperation mit verschiedenen Wissenschaftlergemeinschaften müssen jetzt entwickelt werden. Unsere Publikation dieses

Textes hat eben das zum Ziel, nämlich Wissenschaftlerinnen und Wissenschaftler verschiedener Fakultäten und außeruniversitärer Einrichtungen anzuregen, sich an den Entwicklungen hin zu dieser neuen Disziplin diskursiv und praktisch zu beteiligen. Dabei wird es zunächst überwiegend darum gehen, curriculare Bausteine und einzelne Projekte (Forschungsprojekte, Tagungen, Workshops, Publikationen) im Rahmen bestehender Institutionen, Forschungen und Studiengänge oder in Anlehnung an sie zu konzipieren. So bietet es sich für den Anfang an, in Forschung und Lehre einzelne Bausteine der MoW Studies in bestehende Forschungshorizonte, Studiengänge oder andere Bildungsangebote einzufügen und dann auszubauen. Eine Perspektive ist aber, so bald wie möglich neue Studiengänge einzuführen.

Die Nähe einer erst noch entstehenden akademischen Disziplin zu einer politischen Weltorganisation schränkt nicht die Freiheit der Forschung und Lehre zu Dokumenten ein. Diese können selbstverständlich ohne Umweg über die UNESCO zum Gegenstand intensiver Bearbeitung werden, worauf das Programm ja abzielt. Es geht also aus wissenschaftlicher Perspektive

nicht in erster Linie darum, ein UNESCO-Programm zu erforschen oder zu begleiten. Aber die Nähe zu MoW, auf die hier abgehoben wird, kann der Forschung und Lehre Nachhaltigkeit und eine gewisse Stabilität verleihen. Dabei setze ich voraus, dass der Weg der föderativen Kooperation der Staaten der Welt, wie er in den Vereinten Nationen und ihren Unterorganisationen, in unserem Fall der UNESCO, realisiert ist, unumkehrbar ist. Flexibilität und Heterogenität der Methoden der Geisteswissenschaften, die einen gewichtigen Anteil an den MoW Studies haben werden, könnten einen verstetigenden Gegenpol in der UNESCO als einem Bezugspunkt und möglichen Partner solcher Forschung und Lehre gewinnen.
Es ist nicht das Ziel, die bestehenden Fächer zu ersetzen. Die Neuphilologien z.B. haben nicht die Bibelphilologie und die Klassische Philologie abgelöst. MoW Studies sind auf das Wissen angewiesen, das in den bestehenden Disziplinen erarbeitet wurde und wird.
Ein anderer Aspekt, um den es aber sehr wohl geht, ist es, die Verbindung zwischen der Wissenschaft und den Gedächtnisinstitutionen zu stärken.
Zur Übertragung ins Deutsche sei angemerkt:

Sie hat das primäre Ziel, über den Inhalt eines UNESCO-Dokuments zu informieren und eine Diskussion über das Thema im deutschen Sprachraum sowie eine aktive Mitwirkung anzuregen. Die Kreation eines deutschen Begriffes für MoW Studies wurde hier vermieden, um keine Präjudizierung zu suggerieren. Der wichtige Begriff ›heritage‹ und seine Ableitungen wurden angesichts der Beobachtung, dass in den letzten 20 Jahren Gedächtnis in spezifischer Bedeutung und neuerdings häufiger der Begriff ›Gedächtnisinstitutionen‹, z. B. für Archive, Bibliotheken, Museen, verwendet werden, manchmal mit Kulturerbe(-), manchmal mit Gedächtnis(-) übersetzt. Das deutsche terminologische Feld, das für MoW Studies vor uns liegt, einmal komparativ zu sichten und zu ordnen, könnte ein Beitrag in dieser frühen Phase der MoW Studies sein. Der Begriff Region, der auch im Deutschen Gebiete sehr verschiedener Konstruktion und Größe bezeichnen kann, meint bei der UNESCO (»region«) im Allgemeinen die Weltregionen: Afrika, Arabische Welt, Asien/Pazifischer Raum, Europa/Nordamerika, Mittel- und Südamerika.

Bezeichnungen wie Professor meinen immer Forschende und Lehrende aller Geschlechter.

Mein Dank für kritische Hinweise bei der Erstellung des zunächst englisch formulierten Textes gilt Alissandra Cummins (Barbados) und Joie Springer (Paris). Für die Möglichkeit, hier eine deutsche Fassung zu veröffentlichen, danke ich den Herausgebern der *Oskar-Walzel-Vorlesungen*, Walter Schmitz und Klaus Schuhmacher.
L. J.

DAS WELTDOKUMENTENERBE UND DIE AKADEMISCHE WELT: EIN VORSCHLAG, MEMORY OF THE WORLD STUDIES EINZUFÜHREN

1. Vorüberlegungen

Der Aktionsplan 2009–2012 des Marketing-Ausschusses des Memory of the World-Programmes weist unter dem Punkt »Zielgruppe A. Fachleute« auf »Wissenschaftler« als eine Hauptzielgruppe zur Beförderung von MoW hin. Die wahrscheinlich wirkungsvollste Maßnahme, um die akademische Welt zu erreichen, wäre die Begründung von Memory of the World Studies und ihre Implementierung in Universitäten und anderen Hochschulen. Das würde über die bloße Erhöhung von Aufmerksamkeit weit hinausgehen: ein weltweites MoW-Netzwerk von Forschung und Lehre würde die systematische Entwicklung des Programms und die weitere Professionalisierung der Arbeit an Dokumenten sowie verwandter Formen des Kulturerbes in einem internationalen Kontext verbessern helfen – und so neue Kapazitäten für den universellen Zugang zu Information und Wissen schaffen.

Das ist nicht nur eine Frage der weiteren Förderung von MoW: Aus der Perspektive der Geisteswissenschaften und einiger ingenieurwissenschaftlicher Disziplinen würden MoW Studies einen spezifischen Bereich jenes neuen Feldes menschlicher Aktivitäten abdecken, das mit der Entwicklung der UNESCO-Welterbe-Programme entstanden ist (Weltkultur- und Naturerbe; Memory of the World/Weltdokumentenerbe; Immaterielles Kulturerbe). Das Ensemble dieser Programme bildet den historisch umfassendsten intentional generierten Zusammenhang von menschheitlichem Gedächtnis und der Vermittlung der Inhalte dieses Gedächtnisses. »Memory of the World ist ein ›Dach‹ für verschiedene Formen von Wissen und Disziplinen« (*MoW General Guidelines*, S. 5). Unter der Annahme, dass diese Programme höchste Standards verwenden, weltweit akzeptierte Ergebnisse von hoher Qualität und Nachhaltigkeit hervorbringen und ein möglichst großes Publikum erreichen wollen, nämlich alle Menschen, muss man den Schluss ziehen, dass ein solches neues und spezifisches Phänomen ein vertieftes Wissen und Verständnis erfordert. Und andererseits, pragmatisch gesehen, bedeutet die Entwicklung wissenschaftlicher Maßnahmen eine Stärkung dieser Programme. Der beste Weg, um sie besser zu verstehen, ist es, eine ihnen gewidmete Forschung und Lehre zu schaffen, da die Komplexität und die Eigenarten dieser Programme es verhindern, dass bestehende akademische Disziplinen oder traditionelle interdisziplinäre Ansätze sie ganz erfassen können.

Während es in mehreren Weltregionen bereits einige Lehrstühle/Professuren für das Welt-Kultur- und Naturerbe gibt (siehe whc.unesco.org/en/activities/121: University World Heritage Studies Programmes), gibt es noch keine für MoW. Eine Eröffnung von MoW Studies steht noch aus. Sie würde das menschliche Wissen vergrößern, MoW nachhaltig erweitern und fördern und neue Formen der internationalen Zusammenarbeit für das menschheitliche Gedächtnis in seiner Vielfalt institutionalisieren. Auf der Grundlage internationalen Austausches wären Lehrende und Studierende sehr wirkungsvolle Vermittler für MoW.

Es dürfte sinnvoll sein, MoW Studies im Kontext bestehender Forschung und Lehre zum Kulturerbe einzuführen, insbesondere an Universitäten in verschiedenen Weltregionen, an denen man sich den verschiedenen UNESCO-Kultur- und Naturerbeprogrammen widmet, oder in Fakultäten, die den Zielen der MoW Studies eng verbunden sind. So könnten sich die MoW Studies, während sie sich ihren spezifischen Zielen widmen, von den Erfahrungen bestehender Forschung und Lehre zum Kulturerbe profitieren und zugleich neue Formen der Arbeit für und des Lernens durch Forschung und Lehre zum UNESCO-Kulturerbe, aber auch überhaupt zum Kulturerbe anregen und so ein innovativer Partner für unterschiedliche akademische Disziplinen, verschiedene Programme zum Kulturerbe und für Institutionen des Kulturerbes wie Archive, Bibliotheken und Museen sein.

2. MoW-Lehrstühle/-Professuren/-Dozenturen

Es ist eine Langzeitperspektive, eine Reihe von MoW-Professuren/-Dozenturen zu schaffen, wenigstens eine in jeder Region. Alle Einrichtungen der tertiären Bildung und der Forschung könnten solche Positionen haben, Universitäten, Technische Universitäten, Fachhochschulen, Akademien und spezifische Bildungseinrichtungen der Gedächtnisinstitutionen. Obwohl bei ihnen allen MoW im Zentrum von Forschung und Lehre steht, könnte jede einen besonderen Schwerpunkt setzen wie Technologie (ICT), Medien, Archivwesen oder Museologie, die Semantiken von Dokumenten, Vergleichende Kulturgeschichte, Philologien, Sprachen usw. Dies wird in vielen Fällen vom Kontext der Institutionen, Institute, Fachbereiche abhängen, in denen diese MoW Studies wirken. Zwar sollten die Grundprinzipien und die eher theoretischen Fragen von MoW unter ihren Themen sein, die Professuren usw. sollten jedoch die Anwendbarkeit (Angewandte Forschung) wenigstens relevanter Teile ihrer Arbeit im Blick haben, die Anwendbarkeit für MoW selbst und für den Nutzen in verschiedenen Bildungsbereichen und auf verschiedenen Ebenen von Bildung.

Es könnte zwei Gruppen von MoW-Professuren/-Dozenturen geben: 1. Professuren, die ganz oder überwiegend MoW Studies gewidmet sind; 2. Professuren in Disziplinen, die den Aufgaben von MoW nahestehen. Letztere legen in ihrer Arbeit explizit ein zusätzliches Gewicht auf MoW Studies (z.B.: Professor des Archivwesens oder der Filmgeschichte unter besonderer Berücksichtigung von MoW Studies); aber um formell ein Partner des MoW Studies-Netzwerks zu sein, ist auch hier eine Stetigkeit in der Forschung, bei Publikationen, in der Lehre zu MoW erforderlich. Es dürfte leichter sein, Professuren dieses zweiten Typs einzurichten. Sie könnten ein akademisches MoW-Netzwerk recht bald entstehen lassen.

Die MoW-Professuren (beide Gruppen) sollten für eine bestimmte Zeit (vier oder sechs Jahre) das MoW-Logo z. B. in ihrem Briefkopf unter der Voraussetzung verwenden dürfen, dass Sekretariat und IAC zustimmen. Der Zeitraum könnte verlängert werden, wenn eine Evaluation der Ergebnisse eine erfolgreiche Arbeit feststellte.

Es kann erwartet werden, dass dieses akademische MoW-Netzwerk einen Schneeballeffekt hat und junge Wissenschaftler, Studierende und Kollegen aus verschiedenen akademischen Disziplinen anregt, zu MoW oder zu Fragen zu arbeiten, die eng mit ihm zusammenhängen.

3. Aufgaben der Forschung

Die folgende kurze Liste will nur einen Eindruck von den vielfältigen Gegenständen der MoW-Forschung vermitteln, z. B.: Kriterien und Standards der Bedeutung von Dokumenten (Authentizität, ästhetische Qualitäten, geistige Bedeutung und viele andere) und ihre Anwendbarkeit in verschiedenen Kulturen und Regionen; Bestimmung von Werten im Kulturvergleich; ›Übersetzung‹ und Vermittlung der Bedeutung von Dokumenten in verschiedene kulturelle Kontexte; die Rolle von Sprachen und Übersetzungen für das Verständnis von Dokumenten und die Förderung von MoW (unter Berücksichtigung kultureller Vielfalt und sprachlicher Vielfalt); Forschungen über Gemeinsamkeiten und Unterschiede zwischen vergleichbaren Dokumenten in verschiedenen Regionen, Kulturen, Staaten (z. B. musikalische Dokumente; Dokumente über Staatsverbrechen usw.); technologische Fragen der Sicherung und Konservierung von Dokumenten und ihrer Vermittlung durch moderne Informations- und Kommunikationstechnologien (ICT), der Vernetzung der MoW-Dokumente; Standards und Technologien elektronischer Dokumente; Aspekte des Marketings und der Förderung des kulturellen Erbes; Strategien und Werkzeuge für den Unterricht zu MoW; Curricula für MoW Studies oder Segmente zu MoW in Studiengängen zum kulturellen Gedächtnis;

nachhaltige Implementierung von MoW in verschiedenen Bildungsbereichen (Universitäten, Schulen; andere Institutionen des Lernens und Wissens wie Museen, Bibliotheken); Gemeinsamkeiten von und Unterschiede zwischen MoW und anderen UNESCO-Erbeprogrammen (Welt-Kultur- und Naturerbe, immaterielles Kulturerbe).
MoW Studies sollten spezifische Publikationen über MoW und damit zusammenhängende Themen anregen, z.B. E-Publikationen. Vielleicht könnte Memory of the World Studies zum Titel einer wissenschaftlichen Zeitschrift werden, gleich ob sie gedruckt oder elektronisch publiziert würde.

4. *Aufgaben der Lehre; besondere Aufmerksamkeit für die E-Lehre; praktischer Nutzen; UNESCO-MoW-Curriculum*

Die MoW-Professoren/Dozenten sollten über die verschiedenen Formen des menschheitlichen Erbes in seiner Vielfalt und in verschiedenen politischen und gesellschaftlichen Kontexten lehren: Dokumente als wichtige Teile dieses Erbes; verschiedene Formen von Dokumenten; ihre Definitionen; Erfordernisse, Methoden und Standards ihrer Sicherung und Konservierung;

die Mittel, sie der Öffentlichkeit zu vermitteln, insbesondere jungen Menschen; internationale und interregionale Aspekte der Arbeit an Dokumenten.

Da viele Universitäten an Lehrinhalten mit einem Praxisbezug interessiert sind, könnte die Beteiligung von Studierenden an Nominierungen, gleich für welches MoW-Register, ihnen wertvolle Erfahrungen liefern, z.B. Dokumente zu identifizieren, die für ein Register in Frage kommen; die Vorbereitung von Unterlagen; Entwicklung von Konzepten zur Förderung, Bildung oder Konservierung/Dokumentenmanagement; Zusammenarbeit mit Gedächtnisinstitutionen.

Während es hierbei auch traditionelle Formen der Lehre in Hörsälen und Seminarräumen geben wird, sollte der Entwicklung neuer Formen der E-Lehre besondere Aufmerksamkeit geschenkt werden.

Da einige dieser Fragen von entsprechenden Fachdisziplinen angegangen werden (z.B. Archivwesen; Museologie), scheinen MoW Studies besonders geeignet für Studierende, die in einem breiten Feld des Kulturerbes oder überhaupt in Berufen der Kulturpflege arbeiten wollen, für die ein interdisziplinär fundiertes Wissen wichtig ist, und für Studierende, für die eine Spezialisierung auf bestimmte Berufe des Kulturerbes nicht sinnvoll erscheint (z.B. aufgrund der Finanzausstattung in bestimmten Ländern), oder in Fällen, in denen diese Spezialisierung nicht den landesüblichen Gepflogenheiten entspricht. Unterrichtsmaterialien sollten benannt oder entwickelt werden. Werke, die bereits wichtige Aspekte abdecken, sollten für den weltweiten Gebrauch empfohlen werden, z.B. Roslyn Russell/ Kylie Winkworth: *Significance 2.0: a guide to assessing the significance of collections* (2009/2010, Buch- und elektronische Fassung), oder zweckbestimmt überarbeitet werden, wenn das nötig erscheint. Es könnte durch die Auswahl oder die Neuerarbeitung ein gewisser weltweiter Standard entwickelt werden. Langfristig sollten **UNESCO MoW Curricula* erscheinen (etwa wie die *Model Curricula for Journalism Education*, UNESCO/ Communication and Information: Paris 2007).

5. Zusammenarbeit

Eine enge Zusammenarbeit der MoW-Professoren wird nachdrücklich empfohlen mit: dem MoW-Sekretariat, Paris; dem IAC und seinen Ausschüssen (Sekretariat/IAC sollten in Beiräten z.B. von MoW-Stiftungsprofessuren vertreten sein); den Nationalen UNESCO-Kommissionen und MoW-Komittees; anderen MoW-Professuren, insbesondere im internationalen Feld; Forschern und Instituten verschiedener Regionen und Disziplinen, die den Aufgaben von MoW nahestehen. Die Verleihung gemeinsamer akademischer Grade (Ph.D.) von Universitäten in verschiedenen Ländern könnte hierfür ein Mittel sein; Fachleuten für andere UNESCO-Erbe-Programme bzw. -Konventionen (*Übereinkommen ... Vielfalt kultureller Ausdrucksformen*); weiteren Disziplinen, die den Zielen der MoW Studies nahestehen; Gedächtnisinstitutionen (wie Archiven, Bibliotheken, Museen) und Verbänden des Kulturerbes wie ICA, CCAAA, IFLA, ICOM usw.

Besondere Aufmerksamkeit sollte der Interaktion mit dem UNESCO ›UNITWIN/UNESCO Chairs Programme‹ geschenkt werden, eine Interaktion, die wünschenswert erscheint, da die UNESCO »die Doppelfunktion der UNESCO-Lehrstühle und UNITWIN-Netzwerke als ›think tanks‹ und ›Brückenbauer‹ zwischen der akademischen Welt, der Zivilgesellschaft, lokalen Gemeinschaften, Forschung und Politikgestaltung« betont (*Guidelines and procedures for the UNITWIN/UNESCO*

Chairs Programme = ED/HED/UNITWIN/2006/PI/1 rev. 4, UNESCO 2009, S. 2). Sie strebt ferner »die Stärkung von Nord-Süd-, Süd-Süd- und Nord-Süd-Süd-Zusammenarbeit« an.

6. Die weitere Bedeutung für MoW

Von den MoW Studies können viele konkrete positive Effekte für MoW erwartet werden, für die Qualität des Programmes und seine weltweite Förderung. Ein Aspekt erscheint besonders interessant. Wenn der Eindruck richtig ist, dass die Hauptbetonung und Aufmerksamkeit des Programms, das eine breite Palette von Aktivitäten umfasst, sich teilweise auf das Weltregister konzentriert hat, können die MoW Studies dazu beitragen, das weite Spektrum der Aufgaben abzudecken, die MoW so wertvoll machen. Mit dem Netzwerk der MoW Studies könnte das Programm seinem Weg zur Führungsrolle im Einsatz für Dokumente leichter folgen, in der Arbeit für Ergebnisse und Standards, die über das Programm hinaus von Bedeutung sind.

7. Die weitere Bedeutung für die UNESCO

Die Verbindung von MoW und MoW Studies bietet reichhaltige Möglichkeiten, um Ziele zu

erreichen, die sich die UNESCO wirklich intersektoral gesteckt hat, insofern Bildung, Wissenschaft, Kultur (auch die Zusammenarbeit mit den anderen Erbeprogrammen betreffend), Information und Kommunikation in dieser Verbindung vereint sind.
Die Zusammenarbeit mit weiteren UNESCO-Programmen sollte erwogen werden. Ein Aspekt dieser Zusammenarbeit wäre, dass ein integrales Kulturerbe-Managementkonzept (z. B. im Bezug auf UNESCO-Konventionen), die Erarbeitung eines Systems, die Dokumente zu bewahren, das insbesondere in kleinen Staaten gebraucht wird, erleichtert würde.
Die Anwendung der MoW Studies könnte wichtige Elemente erbringen, um die Forschungs- und Dokumentationsaspekte zu realisieren, die nach Konventionen wie WCH und ICH erforderlich sind.
MoW Studies vergrößern die Möglichkeiten, neue Wege in Richtung auf die Informations- und Wissensgesellschaft zu gehen, für welche die UNESCO arbeitet, insbesondere für die Kapitel, die sie vom Weltgipfel zur Informationsgesellschaft (2003/2005) übernommen hat: »Zugang zu Information und Wissen«, »E-Wissenschaft

und E-Lehre«, »Kulturelle Vielfalt und Identität, sprachliche Vielfalt und einheimischer Inhalt«. Durch eine Verbindung mit dem UNESCO UNITWIN/UNESCO Chairs Programme könnten die MoW Studies einerseits wertvolle neue Inhalte in dieses UNESCO-Programm zur Vernetzung von Universitäten einbringen, und andererseits würde dieses Programm die weltweite Wirkung von MoW stärken helfen.
Die UNESCO könnte einige ihrer globalen Schwerpunktsetzungen befördern, indem sie besondere Aspekte der MoW Studies unterstützt oder deren Arbeit in bestimmten Regionen.

8. Die Bedeutung für Forschung und Lehre zum Kulturerbe im allgemeinen

Während gelegentlich jemand, der mit MoW nicht vertraut ist, denkt, es sei nur etwas für Spezialisten, hat es vielmehr ein ausgesprochen breites interdisziplinäres Spektrum. Dies ist der Fall in Hinsicht auf die Träger der Dokumente (Papier, elektronische Dokumente usw.), in Hinsicht auf deren Inhalte, die nahezu alle Aspekte des menschlichen Daseins umfassen (Politik, Religion, Wissenschaft, Literatur, gesellschaftliche Aspekte usw.); in Hinsicht auf die Regionen, Kulturen und Sprachen; in Hinsicht auf die beteiligten Gedächtnisinstitutionen. Da MoW »das Dokumentenerbe der gesamten Geschichte umfasst, insofern sie mit von Menschen geschaffenen Zeugnissen belegt ist, von Papyrusrollen bis zu Computerdateien« (*MoW General Guidelines*, 2002, S. 6), spiegelt es einen großen Teil der kulturellen und technologischen Entwicklung wieder. Für die MoW Studies ist MoW ein komplexes Phänomen, gesehen als Gegenstand von Forschung und angewandter Forschung, der auch als komplexes Modell für die Beantwortung vielfältiger Fragen zum Kulturerbe dienen kann. Studierende könnten über eine ganze Reihe von Aspekten der kulturellen und anderer Überlieferung viel lernen.

Die akademische Welt sucht nach neuen Formen interdisziplinärer und internationaler Kooperation, die MoW Studies könnten ihr beides als Kernelemente anbieten.

9. MoW Studies konkurrieren nicht mit etablierter Forschung und Lehre oder anderen Disziplinen

Weil die MoW Studies einen ausgeprägt interdisziplinären Charakter hätten, konkurrierten sie nicht mit bestehenden Disziplinen. Sie zielten nicht darauf ab, andere Forschung und Lehre, andere Disziplinen oder Fächer zu ersetzen, die schon seit langem eine erfolgreiche Arbeit an Dokumenten leisten, wie z.B. das Archivwesen oder die wissenschaftliche Edition philosophischer, literarischer oder historischer Texte. Aber auch für sie könnten MoW Studies ein komplementäres Wissensnetzwerk bilden, das die internationalen Aspekte und die Zusammenarbeit zwischen verschiedenen Fakultäten vertieft.

In einigen Fällen wäre es sinnvoll, eine MoW-Professur/-Dozentur (gelegentlich auch als Teilzeitstelle) in einen bestehenden Studiengang und seinen Lehrkörper zu implementieren, in anderen Fällen kann die Eröffnung eines neuen Studienganges oder sogar Institutes der richtige Weg sein (siehe oben, Abschnitt 2., zweite Hälfte).

10. Handlungsempfehlungen

1. Dieser Entwurf sollte vom MoW-Sekretariat und dem IAC sowie seinen entsprechenden Gremien, Tagungen und Konferenzen durchgesehen, diskutiert, eventuell modifiziert werden. Weitere Fachleute können konsultiert werden.

Wird der Entwurf als vorläufige Grundlage der Arbeit angenommen, könnte das den Impuls dieses Vorschlags beschleunigen.

2. Es sollte eine kurze Liste von Professoren/Dozenten und Universitäten und weiteren Einrichtungen der tertiären Bildung erstellt werden, die bereit sind oder von denen angenommen werden darf, dass sie bereit sind, für die Ziele dieses Vorschlags zu arbeiten. Die Personen/Einrichtungen auf der Liste sollten kontaktiert werden. Eine Bereitschaft, international zusammenzuarbeiten (siehe 5.), wird unterstellt. Erfahrungen im MoW-Programm sind sehr wünschenswert.

3. Eine kleine Zahl konkreter Initiativen, um die Idee dieses Vorschlags zu institutionalisieren, könnte ausreichen, um MoW Studies zu eröffnen.

LOTHAR JORDAN
BIO-BIBLIOGRAPHISCHE NOTIZ

Geb. 1953 in Paderborn. Abitur am Ev.-Stift. Gymnasium Gütersloh. Studium der Germanistik, Anglistik und Philosophie in Münster und Osnabrück. Ebenda 1982 Promotion im Fach Germanistik zum Dr. phil. mit einer editionsphilologischen Arbeit zu Annette von Droste-Hülshoff und 1991 Habilitation in Neuerer deutscher Literatur und Vergleichender Literaturwissenschaft. Seit 1996 Apl. Professor an der Universität Osnabrück. – 2002–2009 Direktor/Wiss. Leiter des Kleist-Museums Frankfurt (Oder). Seit 2010 Hermann-Hettner-Gastprofessor für Museologie am MitteleuropaZentrum der TU Dresden. – Postdoktoranden- und Habilitationstipendiat (Universität Osnabrück) und Forschungsstipendiat (Universität Magdeburg) der DFG; Marbach-Stipendiat der Thyssen Stiftung; Forschungsstipendiat der Herzog August Bibliothek Wolfenbüttel. – Mitbegründer und -leiter des Lyrikertreffens Münster 1979–1993; seit 2010 externer

›Advisor‹ der Doktorandenklasse Heritage Studies an der BTU Cottbus. – Präsident des Internationalen Komitees der Literaturmuseen (ICLM) im Weltmuseumsverband ICOM seit 2007, ferner seit 2008 Mitglied des Vorstandes des Deutschen Nationalkomitees von ICOM. – UNESCO-Memory of the World-Programm (Weltdokumentenerbe), Paris: Mitglied des Marketingausschusses seit 2009 und außerdem seit 2011 Vorsitzender der Arbeitsgruppe »Education and Research«.
Selbständige Veröffentlichungen (Auswahl):
Annette von Droste-Hülshoff: Hist.-krit. Ausgabe. Bd. 3: Epen. 2 Tle. Tübingen 1980/1991. – *Europäische und nordamerikanische Gegenwartslyrik im deutschen Sprachraum 1920–1970.* Tübingen 1994; *Bibliographie* ... 1996. – *Nationale Grenzen und internationaler Austausch. Studien zum Kultur- und Wissenschaftstransfer in Europa.* Tübingen 1995 (Mhg.). – *August Stramm. Beiträge zu Leben, Werk und Wirkung.* Bielefeld 1995 (Hg.). – *Gottfried Benn: Drei Briefe an Marie Diers aus Berlin und Landsberg 1941–1944.* Frankfurt (Oder) 2003 (Hg.). – *Niederländische Lyrik und ihre deutsche Rezeption in der Frühen Neuzeit.* Wiesbaden 2003 (Hg.). – *Empfindungen vor Friedrichs Seelandschaft. C.D. Friedrichs*

Gemälde ›Der Mönch am Meer‹, betrachtet von C. Brentano, A. v. Arnim und H. v. Kleist. Frankfurt (Oder) 2004 (Mhg). – *F. W. C. v. Schmettau (1743–1806). Pionier der modernen Kartographie, Militärschriftsteller, Gestalter von Parks und Gärten.* Frankfurt (Oder)/Potsdam 2009 (Mhg.). – *Geschichte und Landschaft. Beiträge zu Günter de Bruyn.* Würzburg 2009 (Hg.). – *Literary and Composer Museums and Research. Proceedings of the ICLM Annual Conference 2008.* Paris/Florenz 2009 (Mhg.)

Mhg. mehrerer Sammelbände zum Lyrikertreffen Münster; Hg. der *Beiträge zur Kleist-Forschung 2003–2009* (*2009* Themenband: *Ewald von Kleist. Zum 250. Todestag*) und der Reihe *Frankfurter Buntbücher* (Regionale Literaturgeschichte) 2003–2010.

Oskar Walzel Vorlesungen

der Technischen Universität Dresden

Die Vorlesung von Lothar Jordan *Vielfalt und Nachhaltigkeit. Eine Begründung der Neuphilologien aus der Programmatik der UNESCO* ist die fünfte in der Reihe der Oskar-Walzel-Vorlesungen an der Technischen Universität Dresden. Sie fand am 4.5.2011 statt.

Die Oskar-Walzel-Vorlesungen werden von den Professuren für Neuere deutsche Literatur und Kulturgeschichte und Neueste deutsche Literatur und Didaktik der deutschen Sprache und Literatur sowie vom MitteleuropaZentrum der Technischen Universität Dresden getragen. Die Verantwortung für die Vorlesungsreihe wie ihre Veröffentlichung liegt bei Walter Schmitz (geschäftsführend) und bei Klaus Schuhmacher.

Oskar Walzel (1864–1944) wirkte von 1907 bis 1921 als Professor für Literatur- und Kunstgeschichte und Direktor des Landeshistorischen Seminars an der kulturwissenschaftlichen Abteilung der damaligen Technischen Hochschule Dresden. Durch Oskar Walzel – so wie er in Dresden tätig war – werden die drei Dimensionen seines Faches miteinander verbunden: die Philologie, die interdisziplinäre Zusammenarbeit und das Wirken in der und für die Öffentlichkeit. Diesem Anspruch wissen sich die Oskar-Walzel-Vorlesungen, die an das Wirken dieses großen Gelehrten an der Technischen Hochschule in Dresden erinnern sollen, verpflichtet.

Oskar Walzel Vorlesungen

Herausgegeben von Walter Schmitz
in Verbindung mit Klaus Schuhmacher

In dieser Reihe erscheinen die an der Technischen Universität gehaltenen Oskar-Walzel-Vorlesungen.

Jürgen Mittelstraß
Literatur und Leben
Über ethische und anthropologische Dimensionen kultureller Rationalität
Dresden 2010. ISBN 978-3-939888-95-6

Johano Strasser
Deutschland in der ›Krise‹
Über die fragwürdigen anthropologischen und handlungstheoretischen Grundlagen der neoliberalen Wirtschaftstheorie
Dresden 2011. ISBN 978-3-942411-25-7

Klaus Garber
Reise in eine untergegangene Welt
Mittel- und Osteuropa
Dresden 2011. ISBN 978-3-942411-26-4

Roger Paulin
August Wilhelm Schlegels Kosmos
Dresden 2011. ISBN 978-3-942411-34-9

Erhältlich in Ihrer Buchhandlung oder direkt beim Verlag:

Oskar Walzel Schriften

Herausgegeben von Walter Schmitz

in Verbindung mit Klaus Schuhmacher

In dieser Reihe erscheinen Magisterarbeiten aus dem Bereich Neuere deutsche Literatur und Kulturgeschichte, die mit dem »Oskar-Walzel-Preis für herausragende Abschlussarbeiten in der germanistischen Literatur- und Kulturwissenschaft« an der TU Dresden ausgezeichnet wurden.

Andreas Känner
»Jeder Ort hat seinen Heiligen«
Gruppenbildung um Ludwig Tieck in Dresden –
Inszenierung und Selbstinszenierung eines Autors
Dresden 2009. ISBN 978-3-939888-74-1

Michael Bittner
Ästhetischer Staat oder politische Kunst?
Die Poetik Georg Büchners am Ende der Kunstperiode
Dresden 2010. ISBN 978-3-939888-85-7

Johannes Näder
Open Access
Wissenschaftliche Verwertung im Zeitalter von Digitalität und Internet
Dresden 2011. ISBN 978-3-942411-04-2

Wieland Schwanebeck
Annäherungsversuche.
Der Universitätsroman und die deutschsprachige Gegenwartsliteratur
Dresden 2012. ISBN 978-3-942411-51-6

Erhältlich in Ihrer Buchhandlung oder direkt beim Verlag:

THELEM
Universitätsverlag und Buchhandel
Eckhard Richter & Co. oHG
Bergstr. 70 | 01069 Dresden
Tel.: +49 (351) 4721463 | Fax: +49 (351) 4721465
mail@thelem.de | www.thelem.de

TECHNISCHE
UNIVERSITÄT
DRESDEN

Professuren für
Neuere deutsche Literatur und Kulturgeschichte
Neueste deutsche Literatur und Didaktik der
deutschen Sprache und Literatur

MitteleuropaZentrum der TU Dresden

Bibliografische Information der Deutschen Nationalbibliothek
Die Deutsche Nationalbibliothek verzeichnet diese Publikation in der Deutschen Nationalbibliografie; detaillierte bibliografische Daten sind im Internet über http://dnb.d-nb.de abrufbar.

Bibliographic information published by the Deutsche Nationalbibliothek
The Deutsche Nationalbibliothek lists this publication in the Deutsche Nationalbibliografie; detailed bibliographic data are available in the Internet at http://dnb.d-nb.de.

ISBN 978-3-942411-52-3

In Kommission bei

THELEM
Universitätsverlag und Buchhandel
Eckhard Richter & Co. OHG
Bergstr. 70
01069 Dresden
Tel.: +49 (351) 4721463
Fax: +49 (351) 4721465
Mail: mail@thelem.de